Dienstverlening

Een boek over normen en waarden
in de dienstverlening

Peter Joh. M. Zuidweg

Behandel iemand zoals hij is en hij zal blijven zoals hij is. Benader iemand zoals hij zou kunnen zijn en hij wordt wie hij zou moeten zijn

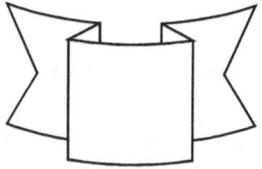

Onze wereld heeft mensen nodig die durven te dromen. Ambities zijn dromen met een doel. Ze leggen de lat hoger en brengen ze verder.

INHOUDSOPGAVE

Pagina :	Omschrijving :
4	Inleiding
6	Persoonlijke eigenschappen
	Lichamelijke eigenschappen – geestelijke eigenschappen
9	Ons eigen "ik"
13	Ik ben die ik ben
16	Persoonlijkheidsvorming
19	Een krachtige persoonlijkheid
22	Omgang in de dienstverlening
26	Aanleg en instelling
32	Onze houding in de dienstverlening
35	De dienstverlening en het begrip 'service'
39	Zelfcontrole
40	Onze gedachte
41	Gedragsregels in de dienstverlening
	Het hebben van lef – geluk – wees opgewekt – tact – temperament - tolerantie – ons spreken – hoffelijkheid – eerlijkheid – loyaliteit – vertrouwen scheppen – mijn fout, het spijt mij – vleierij of lof – als je kritiek moet uiten – spot – ironie – sarcasme – kleineren – roddelen – denigreren
78	Nogmaals een zelfcontrole
79	Dienstverlening en klachtenbehandeling
83	Dienstverlening en leiding geven
89	Dienstverlening en achtergrondmuziek
90	Slotwoord

INLEIDING

Een van de meest kenmerkende eigenschappen van het horecabedrijf in zijn volle omvang is altijd geweest en is het nog steeds zijn **dienstverlenende** karakter.

De meeste van hen, die in het nationale en internationale horecabedrijf werkzaam zijn of gaan werken - gastheer, contactfunctionarissen en leidinggevenden - hebben eens hetzij bewust of onbewust, het begrip '**dienen**' als beroep gekozen.

'**Dienen**' als beroep is geenszins iets minderwaardigs, zoals van vele zijden wordt gepropageerd. Die minderwaardigheid hangt alleen maar af van de manier waarop '**dienen**' als beroep wordt uitgeoefend..

Goed geschoold personeel vindt in de gehele wereld zijn weg, velen brachten en brengen het zeer ver in ons eigen land en daarbuiten., die hadden lef en durf en het élan om in hun '**dienend**' beroep uit te blinken.

In een tijd als de onze, waarin het toerisme zich hoe langer hoe meer en sneller ontwikkelt, komt dat dienende beroep op een bepaald niveau terecht, ethisch zowel als geldelijk belang, hetgeen niet wil zeggen dat men er bepaalde persoonlijke eigenschappen voor dient te bezitten.

Hoffelijkheid waaraan het onderlinge verkeer in de hotelwereld zo'n intense behoefte heeft, is in onze genivelleerde wereld iets bijna onbekends en ongekends geworden. Zelfs de beleefdheid van mens tot mens kreeg een behoorlijke knauw, wat niet wegneemt dat het nationale en internationale horecabedrijf, met het toerisme achter zich, er absoluut niet buiten kan. Wie van 'binnen uit' ongemanierd, onbeleefd en onhoffelijk is, houdt zich verre van 'contactfuncties' in de horecawereld. Dit is dus de negatieve kant van het probleem, maar nu de positieve zijde, die ik tot uiting zou willen brengen in de volgende vraag :

> ' Welke persoonlijke eigenschappen dient een contactfunctionaris te bezitten om te kunnen slagen in het dienstverlenende beroep ? '

Voor een deel zal dit afhangen van de natuurlijke aanleg, met daarnaast een goede en positieve geestelijke instelling, die hen voor deze dienende arbeid, in de juiste zin van het woord, geschikt maakt. Zich geven in het werk zal in het nationale en internationale horecabedrijf zeer dikwijls "**dienen** " zijn :

> 'dienen van de gasten en de gasten ter wille zijn in hun wensen'

Dit alles volgens de regels der kunst te kunnen doen is allesbehalve eenvoudig, doch het vereist veel en veel meer dan buitenstaanders vermoeden.

Peter Joh. M. Zuidweg

> In de horeca en andere dienstverlenende bedrijven werken mannen en vrouwen. Niet overal in dit boek zal dit naar voren komen De lezer wordt verzocht om overal waar dit van toepassing kan zijn zal dat in het boek voor man ook vrouw, voor gast ook gaste, voor hij ook zij, voor hem ook haar, voor vakman ook vakvrouw, voor gastheer ook gastvrouw en voor receptionist ook receptioniste te lezen

PERSOONLIJKE EIGENSCHAPPEN

Wat de persoonlijke eigenschappen van bedienend en serveerpersoneel, contactfunctionarissen en leidinggevenden betreft, stelt al het dienstverlenend werk en wat daarmee samenhangt, onafwendbaar zijn eisen aan hen die de dienstverlening naar behoren zullen en willen uitoefenen. De voor dit werk noodzakelijke persoonlijke eigenschappen worden in een tweetal belangrijke groepen verdeeld, te weten:

Lichamelijke eigenschappen

Het dienstverlenende beroep én het omgaan gebeurt voor het grootste gedeelte te midden van gasten - in het nationale en internationale horecabedrijf spreekt men nimmer van klanten, maar van **gasten** - en zij, die dus dit werk uitvoeren, zijn in voortdurend contact met hen. Juist om dit contact is het voor deze groep van personeel en leidinggevenden een noodzakelijke eis dat zij een prettig, van nature beschaafd en verzorgd uiterlijk hebben. Een zichtbaar lichaams- gebrek, hoe gering ook, maakt iemand voor het serveerberoep ongeschikt. Ook dient er op gewezen te worden dat het bedienen of serveren een **zéér** vermoeiend werk is. Met lange, soms onafgebroken werktijden.

Een sterk gestel en een optimale gezondheid zijn dan ook onontbeerlijk, omdat het lichaam voor een groot gedeelte op de benen en de voeten aankomt. Ook is het noodzakelijk dat het lichaam door een goede hygiënische verzorging in een perfecte conditie wordt gehouden.

Wat wordt nu onder die hygiënische verzorging verstaan ?

Wanneer het bedienend of serveerpersoneel, maar ook zij die contactfuncties onderhouden, zoals receptionisten en receptionistes, , zich de aard van hun werk goed realiseert en ook bedenkt dat het voornaamste deel van hun dienstverlenend werk onder andere bestaat uit het hanteren van eten en drinken en van diverse gebruiksvoorwerpen, dan ligt het voor de hand, dat van hen geëist mag worden, dat zij voldoende zin dienen te hebben voor een goede hygiënische verzorging, dat zich niet alleen behoort uit te strekken tot het lichaam, maar tevens tot alle gebruiksvoorwerpen die zij tijdens hun bedienend of serveerwerk gebruiken. Het is daarom voor het bedienend en serveerpersoneel en contactfunctionarissen van het allergrootste belang dat zij aandacht weten te schenken aan een goede lichaamsverzorging.

Hygiëne
Zorg hebben voor de gezondheid door het betrachten van zindelijkheid, rust en lichaamsoefening

Géén onaangename lichaamsgeurtjes (transpiratie), géén slordige haardos, géén onsmakelijke onfrisse adem (verzorging van mondhygiëne), géén ongeschoren gelaat, niet door het veelvuldig roken, geelbruin geworden vingers, géén nagels met rouwranden, géén vieze oren, géén vet en smerig uitziende (vak)kleding, goed schoeisel, dagelijks verschonen van ondergoed, sokken e.d., regelmatig wisselen van schoeisel, etc.

Geestelijke eigenschappen
De gasten , die een horecabedrijf bezoeken, verwachten terecht, dat zij door het serveer- en receptiepersoneel, contactfunctionarissen en leidinggevenden op hun wenken worden geholpen en bediend.

Alleen het personeel, dat bewust doordrongen is van het juiste begrip **'gast'**, zullen zich geestelijk kunnen aanpassen om hun werk naar behoren te kunnen uitvoeren.

Om rustig en beheerst het werk te kunnen uitvoeren, is het op de eerste plaats noodzakelijk de technieken en alles wat daarmee samenhangt goed in de hand te hebben. Doch vaktechniek alleen is niet voldoende, men zal ook de wil dienen te hebben en te tonen om de gasten tegemoet te komen met de werkuitvoering, zelfs door zich in sommige gevallen geheel weg te cijferen.

Het nationale, maar ook het internationale horecabedrijf verwacht dan ook van het bedienend en serveerpersoneel en contactfunctionarissen , naast de vaktechnieken een drietal belangrijke geestelijke eigenschappen, namelijk :

Zelfbeheersing

Het in toom houden van eigen driften en hartstochten ;

Tact

In situaties weten wat past en betamelijk is ;

Mensenkennis

Leren iemand goed en juist doorgronden ;

Naast deze drie belangrijke eigenschappen dient men voldoende inzicht te hebben voor **orde, regelmaat** en **organisatie,** alsmede de juiste **houdings- en omgangsvormen.**

Wie een juiste instelling en een juist systeem in zijn werk kan brengen zal altijd in zijn vak en beroep slagen.

Goed opgeleid serveer- en receptiepersoneel, contactfunctionarissen en leidinggevenden , zelfs op zeer drukke ogenblikken en in bepaalde situaties, kunnen doorgaans volkomen zichzelf blijven, raken niet in paniek en weten altijd de zaak tot een goed eind te brengen.

ONS EIGEN 'IK'

De mens, daar kunnen we in ons leven niet omheen. We dienen gewoon te leren met 'die mens' om te gaan. En om met die ander om te gaan, zal men dienen in te zien én accepteren dat meer tijd zal dienen te worden besteed aan de eigen innerlijke groei.
De tocht van de innerlijke groei zal niet altijd over brede asfaltwegen lopen. Hij is vaak vol kuilen en greppels. Nu eens valt de één, dan struikelt de ander.
We hebben het toch wel wat moeilijker dan misschien vroegere generaties, want het wordt voor ons steeds moeilijker om ons terug te trekken, om stil te worden, om stil te zijn. Onze hedendaagse wereld leeft snel, soms voor ons doen té snel. Continue komen er nieuwe dingen en ervaringen op ons af, die we wel dienen te verwerken, te beoordelen en te ordenen, willen we het overzicht niet verliezen.

Dit is een situatie die velen van ons op een gegeven moment niet meer aankunnen. We worden voortdurend 'weggeroepen' van ons innerlijk en van ons eigen **IK**. En zoiets roept spanningen op, die nauwelijks nog te verwerken zijn. De band met de diepte in ons **ZELF** is dan toch wel ernstig verstoord. De innerlijke schachten, waarin 'rust' en 'bezinning' wonen zijn vergrendeld.

Het oppervlakkige **IK**, dient alles klaar te spelen en het diepe **ZELF** verkommert. In zo'n situatie ontstaat dan een diepe zelfvervreemding, dat lukt het niet meer om jezelf te vinden en wie zichzelf niet vindt is ook niet in staat om anderen werkelijk te vinden. Wie zelf geen diepte heeft, bereikt dan ook niet de diepte van de ander. Waar deze diepte verloren is, is de mens gedesoriënteerd. Wat hij doet en uitvoert is misschien dan wel technisch zeer perfect, maar wel zielloos.

Laten we toch met wat meer bezinning leven en werken, thuis, op school en op ons werk. Vermijd dan ook de spanningen tussen dat uiterlijke en innerlijke **IK**, niet alleen ter meerdere eer voor jezelf, maar juist ook voor anderen.

Begin de dag met een zo goed mogelijk humeur, want daarin openbaart zich een stuk menselijkheid en hartelijkheid, waarmee men de ander, dus ook de gast, tegemoet kan treden.

Het is zeker niet voldoende om alleen maar correct te zijn. Dat is **koud**. Probeer alles met wat vreugde te ondernemen. Vreugde houdt in, dat ons bestaan en werk zin heeft. Dagelijkse vreugde is iets onbetaalbaars.

Besteed daarom meer tijd aan je eigen innerlijke groei, loop niet rennen als een paard zonder kop, maar blijf werkelijk bezig, dan zul je zien dat alles in je leven beter verloopt.

Twee voorbeelden,, die hun diensten ter beschikking stelde als verpleegkundigen in de eerste wereldoorlog

Edith Louisa Cavell & Florence Nightingale

Edith Louisa Cavell (Swardeston, Norfolk, 4 december 1865 - Brussel, 12 oktober 1915) was een Britse verpleegster die door een vuurpeloton tijdens de Eerste Wereldoorlog in België werd gefusilleerd.

Florence Nightingale (Florence, 12 mei 1820 – Londen, 13 augustus 1910) was een Brits verpleegkundige, sociaal hervormer, statistica en mystica. De jonge Florence had, als intelligente en goed opgeleide dochter uit een zeer welgestelde Engelse familie, alle troeven in handen voor succes in de betere kringen. Als tiener echter hoorde ze de 'stem van God' en wist ze dat ze niet het lege bestaan wenste te leiden van de aristocratie maar het lot van de armen, zieken en gewonden wilde verbeteren. Als protest tegen de beperkingen die haar daarin in die tijd als vrouw werden gesteld, schreef ze een feministische klassieker: Cassandra. Dit boek beïnvloedde onder meer de filosoof John Stuart Mill en schrijfster Virginia Woolf. Ondanks sterk verzet van haar familie, deed de in Italië geboren Florence ervaring op in het verzorgen van zieken. Verpleging als vak moest nog uitgevonden worden. Korte tijd bracht ze door in het diaconessenhuis in het Duitse Kaiserswerth en bij de zusters van St. Vincent de Paul in de buurt van Parijs. Na haar terugkomst in Engeland legde zij zich toe op de reorganisatie van een klein ziekenhuis in Londen. Deze veelzijdige vrouw is bekend geworden als de grondlegger van de moderne verpleegkunde, maar haar belangrijkste bijdragen leverde ze achter de schermen.

IK BEN DIE IK BEN

De filosoof Rousseau heeft eens gezegd :

'Ik ben die ik ben en ik kan er niets aan veranderen'

Volgens insiders doelde hij op zijn uiterlijk, doch anderen menen dat hij ontkende, dat de mens het inherente recht had om zijn levenspatroon te wijzigen.
Tegenwoordig is het zelfs niet waar, dat men zijn uiterlijk niet kan veranderen. Men kan zich aan het gezicht laten opereren om rimpels weg te werken, oogleden te veranderen en er zijn thans zulke mooie haarstukjes, dat zelfs het Engelse weekblad 'Punch' geen plaatje meer zal opnemen van een lid van de geestelijkheid met een scheve pruik op, aan wie een jongetje de vraag stelt of hij zijn nek heeft verdraaid of dat hij misschien zijn haar zijwaarts laat groeien !
Er was jaren geleden een 'schlager', waarvan de eerste regel luidde :

'Blijf zo mooi als je bent en laat je nooit veranderen ....'

Ik zou nu wel eens de hoofdpersoon uit dat liedje willen zien. Bij de meeste van ons kan de vriendin, echtgenote, collega of gast wel een middel aan de hand doen om onszelf te verbeteren !
De vraag is:

'kunnen wij onszelf veranderen als wij dit willen ?'

Natuurlijk kunnen wij dat en vaak moeten wij dat wel. In de praktijk blijkt vaak dat een man zich thuis anders gedraagt dan op zijn werk. Degene die thuis een soort dictator is, gedraagt zich op zijn werk soms uiterst onderdanig. Een harde zakelijke ondernemer kan in een slaaf veranderen, zodra hij thuis een voet over de drempel zet.

In onze jeugd zijn wij allemaal kleine rakkers. Wij spreken niet altijd de waarheid, plagen graag en af en toe pakken we hier en daar snoep en koek weg.

Naarmate we groter worden leren we het verschil tussen mijn en dijn, tussen goed en kwaad en maken ons geleidelijk aan de gewoonten eigen, die op zichzelf, onze aard zodanig veranderen dat wij redelijke burgers worden.

Indien wij onszelf kunnen aanpassen als wij twaalf zijn. Waarom kunnen wij en dergelijke verandering niet tot stand brengen als we dertig, veertig of vijftig zijn ?

Confucius (551 v. Chr. - 479 v. Chr.) heeft eens gezegd :

' Bij hun geboorte lijken de mensen heel veel op elkaar, maar door gewoonten groeien zij geleidelijk steeds verder uit elkaar '

Misschien is het allemaal wel een kwestie van gewoonten. Maar wat wij uit gewoonte kunnen verwerven, kunnen wij ook uit gewoonte weer kwijtraken.

Duizenden mannen en vrouwen ontwikkelen al vroeg in hun leven de gewoonte om te roken of te drinken. Wanneer zij nu dat roken en drinken opgeven, is alles wat zij dienen te doen zich de gewoonte eigen te maken om het zonder roken en drinken te stellen. En wanneer zij dat niet-roken en niet-drinken lang genoeg volhouden, hebben zij met een oude gewoonte gebroken. Uiteraard kan men in het beginstadium makkelijker met een gewoonte breken dan wanneer men eenmaal aan een gewoonte gehecht is geraakt.

Omdat wij nu eenmaal mensen zijn met menselijke tekortkomingen en omdat wij nooit een perfectie kunnen bereiken, kunnen wij nóóit al onze fouten afleren, welke gewoonten wij ons ook eigen maken. Maar stellig kunnen wij aan enkele van onze fouten iets doen, wanneer deze in verband staan met de manier waarop wij ons brood verdienen.

Steeds hebben mijn oud-leerlingen, oud-studenten, jongens zowel meisjes, verteld over hun persoonlijke zwakheden, die zij meenden niet te kunnen overwinnen.

Zij geloofden dan ook in de leer van Rousseau, maar zij hadden vertrouwen dienen te hebben op hun geboorterecht om zichzelf de baas te zijn. Zo zeggen zij, bijvoorbeeld:

> # ' ik kan mij niet ontspannen, zo ben ik nu eenmaal ……'
> # ' ik kan niet lachen als ik er geen zin in heb ……'
> # ' ik spreek nu eenmaal vlug …'
> # ' ze nemen me maar zoals ik ben ……'

Zo kunnen we nog veel meer gevallen opnoemen en ik zou velen wel willen toeroepen om er een gewoonte van te maken om zich te ontspannen, om te lachen, om vol te houden, om iets langzaam en duidelijk uiteen te zetten en om er goed en verzorgd uit te zien. Zij zullen dan merken - zoals zo vele anderen dat ook reeds ontdekten - dat wij onszelf altijd, ten goede of ten kwade, kunnen veranderen door gewoonten die wij aanleren of afleren.

PERSOONLIJKHEIDSVORMING

Zoals we reeds weten vormen de zogenaamde 'persoonlijke eigenschappen' voor de uitvoering van het dienstverlenende werk een belangrijke groep.
Zij zijn ook belangrijker dan de 'vaktechnische eigenschappen', die ik graag op de tweede plaats zet, omdat een fout gemaakt bij de 'persoonlijke' uitvoering van het serveren en ander dienstverlenend werk, door de gast nooit vergeten of vergeven zal worden. Het is daarom noodzakelijk en belangrijk dat een gastheer, contactfunctionaris en leidinggevenden zichzelf vormt en de algemene regels, die gewenst zijn om de ontwikkeling van zijn of haar persoon gestalte te doen geven, in acht neemt. Ook zal hij een

inzicht dienen te verschaffen in datgene wat een 'gast' karakteriseert, dat wil zeggen : het goed doorgronden van zijn 'gasten'.
Je wordt als mens als ' individu ' geboren. Het woord ' individu ' betekent letterlijk 'ondeelbaar' en inderdaad is de mens een ondeelbaar geheel van lichaam en geest.
Als mens ben je een persoon te midden van vele andere mensen. Als mens dien je samen te leven met anderen, zoals in het gezin, familie, school, bedrijf, natie, werelddeel en wereld. Dat is dan ook de grote opdracht van ons hedendaags menszijn.
Als gastheer, contactfunctionaris en leidinggevende dien je je dus zó te vormen, dat je steeds in grotere verbanden kan samenleven en werken met andere mensen, mensen, zoals gasten, die je vaak vreemd zijn.
Om nu in, dat met elkaar samenleven en werken niet verloren te gaan als mens, dien je als mens van persoon **'persoonlijkheid'** te worden. Als mens mag je géén anoniem deeltje in de grauwe massa worden. Als gastheer, contactfunctionaris en leidinggevende ben je ook een mens met een geweten, met een besef van spelregels, normen, waarden, geboden en verboden.
Daarom dient het voor hen mogelijk te zijn om een **'persoonlijkheid'** te kunnen worden, dat wil zeggen : als gastheer, contactfunctionaris en leidinggevende kan je een mens zijn , die kan samenleven en werken met anderen.
Het **'individu'** wordt persoon door het samenleven en werken met anderen, doch als persoon wordt men een **'persoonlijkheid'** als in dit samenleven en werken de originaliteit en de echtheid van de mens uit zijn of haar samenleven en werken blijkt. Het grootste ideaal van ons dient dan ook te zijn een **'persoonlijkheid'** te worden.

Deze 'vorming van persoonlijkheid' behoort ook tot de mogelijkheden van ons als gastheer, contactfunctionaris en leidinggevende. Doch hoe velen, die als '**origineel**' worden geboren, sterven als '**kopie**' ?

Door mijn contacten met vele mensen en vooral zij die in het horeca- en dienstverlenend beroep werkzaam zijn, ben ik tot de ontdekking gekomen dat heel veel mensen er voor huiveren tot 'persoonlijkheden' uit te groeien. Immers een 'persoonlijkheid' **denkt, handelt** en **voelt** onder **eigen** verantwoordelijkheid.

Echter velen deinzen terug voor de strikt persoonlijke beslissing. Zij prefereren liever tegen de massa aan te leunen en, zoals je heden ten dagen ziet, wil de massa gaarne aanhang om daardoor met de kwantiteit het gebrek aan kwaliteit goed te maken.

De mens is uitzichtloos zonder de medemens, daarom is de 'rijkste' mens te vinden onder hen met de meeste positieve relaties en contacten met medemensen.

Daarom staat naast je lichamelijke en geestelijke vorming in de opvoeding tot persoonlijkheid ook de sociale vorming centraal.

Als mens ontdek je dan eigen mogelijkheden, eigen rijkdom en eigen nood en zwakte **in, door** en **tijdens** het samenleven en werken met anderen. Een mens, die gewetensbeslissingen moét nemen, aanvaardt ook de consequenties en hij of zij zal dan ook dankbaar zijn het te mogen doen. Zie hier dan de '**persoonlijkheid**' als mens, die lichamelijk en geestelijk, doch ook sociaal levensbeschouwelijk een ondeelbare eenheid is geworden.

Een mens met 'persoonlijkheid' kan ten ondergaan, hij of zij kan vernietigd worden, doch als '**totaliteit**' handhaaft hij of zij zich in alle omstandigheden.

EEN KRACHTIGE PERSOONLIJKHEID

Een goede gastheer, contactfunctionaris en leidinggevende put kracht uit vertrouwen en (vak)kennis. Een gast die een gastheer, contactfunctionaris of leidinggevende ontmoet, die onzeker is, zal hem nog zwakker maken. Een of ander innerlijk gevoel vertelt de gast welke gastheer, contactfunctionaris of leidinggevende hij in een hoek kan drukken en welke hij dient te respecteren.

Jarenlange omgang met het bedienend en receptiepersoneel en leidinggevenden kan bij de gast respect doen groeien. De gast zal hebben geleerd hoe hij hem dient te behandelen, evengoed als een goed gastheer, contactfunctionaris of leidinggevende zal weten, hoe men elke type gast dient te bejegenen.

De zwakke gastheer, contactfunctionaris of leidinggevende zal evenwel hun tekortkomingen herhaaldelijk hebben getoond door een kleurloze persoonlijkheid en de bereidheid onredelijke eisen van gasten in te willigen.

Gasten maken misbruik van zwakke persoonlijkheden en het is voor de zwakke persoonlijkheid moeilijk midden in zijn carrière te veranderen.

Wanneer men eenmaal de reputatie heeft, dat men zwak en schuchter is, zal een plotselinge verandering dit niet kunnen verhelpen. Elke verandering zal waarschijnlijk veel tijd kosten. Men kan er echter wel voor zorgen, dat men op nieuwe gasten een krachtiger indruk maakt.

De jonge vakman, die een weg in de wereld zoekt, kan gemakkelijk een sterke persoonlijkheid ontwikkelen. Men heeft hiervoor een grondige kennis nodig van het vak en beroep en zij dienen onredelijke eisen af te wijzen. Dit zal hen praktisch geen image kosten. Men mag ook geen zwakheid demonstreren door het bedrijf of het management te bekritiseren. Voor een goed vakman dient altijd te gelden: 'Juist of niét juist – het is mijn bedrijf '.

Een blijvende indruk

Een gast vormt zijn mening over een gastheer, contactfunctionaris of leidinggevende gedurende de eerste seconden van het contact en hij zal daaraan vasthouden zolang de 'relatie' blijft bestaan. Een gast zal een gastheer, contactfunctionaris of leidinggevende beoordelen naar:

je verschijning

Zwakke gastheren, contactfunctionarissen of leidinggevenden zien er ook zwak uit. Ze dragen verkeerde stropdassen en hun uitgezakte broek doen denken aan ene Charly Chaplin in zijn beste tijd. Hun kleding schijnt voor een ander gemaakt te zijn. Prima en goed passende kleding is het teken van de goede gastheer, contactfunctionaris of leidinggevende en gasten hebben respect voor goede gastheren, contactfunctionarissen en leidinggevenden.

het gezicht of gelaat

Houdt het hoofd altijd recht op en kijk de gasten aan, want dit geeft vertrouwen. Het voorkomt tevens de indruk van een slappe houding.

je spreken

Slik je woorden niet in, want dit wijst op een houding van 'wat kan mij het ook allemaal schelen'. Wanneer men onverschillig is voor het vak, beroep of bedrijf, waarom zou een gast daar dan interesse voor hebben ? De slordige prater heeft dan ook gauw een afwijzing te pakken.

Aarzel nóóit. De aarzelende man doet een paar stappen, blijft dan besluiteloos staan, doet nog en paar stappen, wacht weer om iets te bekijken of kijkt zoekend rond. Iemand die aarzelt ziet eruit als iemand die probeert de moed er in te houden.

Wees nóóit arrogant. Een gastheer, contactfunctionaris of leidinggevende die arrogant praat of loopt is een zwakke persoonlijkheid. Hij probeert er sterk uit zien wanneer men zich allesbehalve sterk voelt.

De sterke persoonlijkheid slikt geen woorden in, men aarzelt niet en men gedraagt zich niet arrogant, zowel in lopen als spreken.

Men houdt de schouders recht en loopt vastberaden naar de gasten toe, alsof men niet alleen blij is hem te zien, maar er zeker van te zijn, dat men hem of haar een groot plezier kan doen. De gast kan de kracht van de gastheer, contactfunctionaris of leidinggevende beoordelen aan de manier waarop men hem tegemoet treedt.

Geef iemand géén hand, wanneer je hem niet al eens eerder hebt ontmoet, tenzij deze je zelf een hand geeft. Vele gasten hebben er iets op tegen als iedere gastheer, contactfunctionaris of leidinggevende hen maar zo even een hand geeft. Wanneer je een gast een hand moet geven, doe dat dan op de juiste en goede manier.

Hang niet de sterke man uit door te proberen de arm van de gast uit de kom te trekken. Wees niet té vriendelijk en pak hem ook niet bij de arm terwijl je zijn andere hand schudt. De zogenaamde 'grootdoener' doet dat, maar het zal door de gast zelden op prijs worden gesteld. Schud zijn hand dus niet als of je een pomp bedient. Geeft de gast ook geen zogenaamde 'flanellen' handdruk. Je weet wel hoe slap flanel aanvoelt, niet ? Dan weet je ook wat ik hiermee bedoel. Zo'n handdruk haalt alle enthousiasme uit je persoonlijke start.

OMGANG IN DE DIENSTVERLENING

Het omgaan met gasten is vaak moeilijk. Wij hebben het in de meeste gevallen niet geleerd hoe wij in positieve zin met mensen dienen om te gaan. Ook het leren van deze omgang is niet altijd eenvoudig.

Persoonlijkheid en mensenkennis is je niet altijd gegeven. Je dient er wel wat voor te doen. Je dient te leren je deze vormen eigen te maken. Dit proces heeft, mits je gemotiveerd bent, een gedragsverandering tot gevolg.

Het leren van omgangsvormen, het zich eigen maken van mensenkennis en het kweken van een juiste persoonlijkheid geeft

een positieve uitbreiding van kennis en mogelijkheden tot het behoren in een 'grotere' wereld.
Buiten deze zaken is er nog één belangrijk aspect dat nodig is voor het leren van mensenkennis en het vormen van je persoonlijkheid en dat is juist het omgaan met andere mensen.
Alles alleen doen is niet juist en je zult je doel ook niet bereiken. Om te leren en ervaring op te doen is het belangrijk je tussen mensen te begeven en er mee te praten. Werk samen en observeer, stel samen vast en verwerk deze kennis. Groepsprestatie is altijd beter, dan de prestatie van de individuele, omdat het 'individueel' geen juiste kritiek levert.
Groepswerk, groepsprestatie en groepsgesprekken nodigen meer uit tot een actief deelnemen in onze maatschappij. Om deel te nemen aan dit proces van benadering en omgaan met anderen c.q. gasten, dienen wij wel te voldoen aan :

- # intelligentie
- # sociale aanpassing
- # belangstelling voor anderen
- # persoonlijkheid
- # karakter

De **voordelen** voor jezelf zijn dan :

- # je activiteit vergroten
- # zelfwerkzaamheid
- # veiligheid
- # kritiek kunnen hebben en uiten
- # hulp van en aan elkaar

De **opvoedkundige** waarde is :

- # het leren luisteren naar anderen
- # het leren waarderen van andere meningen
- # een juiste mening te vormen
- # leren discussiëren
- # leren argumenteren
- # leren eigen mening te herzien
- # sociale uitzichten verkrijgen

De **psychologische** waarde is :

- # het verkrijgen van zelfvertrouwen
- # het verkrijgen van veiligheid voor jezelf
- # het vergroten van kennis en studieresultaat

De **lerende** waarde is :

- # dat problemen op een bepaald moment worden opgelost
- # de bereidheid wordt getoond om anderen te helpen
- # de bereidheid wordt geactiveerd tot luisteren en waarderen
- # dat het doen en laten wordt gemotiveerd

Iedereen nu, die zich in het dienstverlenend beroep wil bekwamen zal, indien hij wil slagen, zich dan ook '**positief**' dienen in te stellen. Dat betekent in bijna alle gevallen een heroriëntatie van eigen houding en herziening van eigen normen en waarden.
Die heroriëntatie en herziening kunnen dan resulteren in een optimale relatie tussen jezelf en je omgeving, waarbij onder

'optimaal' wordt verstaan: Onder de gegeven omstandigheden de beste kansen biedend op zelfhandhaving , zelfontwikkeling en zelfontplooiing.

- \# Fouten in de omgang met anderen zijn ons egoïsme en een tekort aan psychologische kennis ;
- \# Ieder mens houdt van nature het meest van zichzelf en stelt daardoor hoofdzakelijker wijze het meeste belang in zichzelf en zijn aangelegenheden ;
- \# De mens is niet in de eerste plaats een logisch wezen, maar een complex van gevoelens, verlangens en driften ;
- \# De mens wordt niet in de eerste plaats gedreven door verstandelijke motieven, maar door allerlei onbewuste drijfveren.

Wanneer wij nu maar blijven leven en werken, uitgaande van bovenstaande eigenschappen, dan zal onze omgang met anderen en onze persoonlijkheid achter - dus negatief - blijven. Maar wanneer wij ons volledig in de hand hebben, wanneer wij echt weten wie we zijn en wanneer we ook degenen zijn die we zijn, dan kunnen we ons werkelijk openstellen voor anderen, dus ook voor onze gasten.

AANLEG EN INSTELLING

Wat aanleg, instelling en persoonlijke eigenschappen betreft, stelt elk handwerk onafwendbaar zijn eisen, ook die van het dienstverlenende beroep. Zo heeft ook het vak van gastheer, contactfunctionaris en leidinggevende zijn specifieke regels om beslagen ten ijs te komen, te weten:

Het uiterlijk
Zij die als gastheer, contactfunctionaris en leidinggevende in het dienstverlenende bedrijf werkzaam zijn, dienen er uiterlijk beschaafd en verzorgd uit te zien. Door hun goed verzorgde kleding maken zij een goede indruk en hun zelfvertrouwen wordt er door versterkt. Zij bezitten een sterk gestel en een optimale gezondheid, die versterkt wordt door een juiste hygiënische lichaamsverzorging.

De houding
Zij kenmerken zich door een juiste uiterlijke (= lichamelijke) en innerlijke (= geestelijke) houding. De uiterlijke houding die men inneemt bij zitten, staan, lopen en werken, stempelt hem tot een actief en positief iemand. De innerlijke houding, die hij aanneemt bij gebeurtenissen in leven en werk, stempelt hem tot een begrijpend en meevoelend iemand.

Zin voor orde en netheid
Belangrijk is dat orde en netheid reeds vanaf jongs af wordt aangeleerd. Het valt niet mee zich in alle omstandigheden als een welopgevoed mens te leren gedragen, maar het is ruimschoots de moeite waard het te proberen. Sommigen, dikwijls uit de armste

gezinnen, hebben deze goede eigenschap als een kostbaar bezit van thuis meegekregen. Anderen, wiens bedje gespreid was, zijn soms lomp en ongemanierd.

Beleefdheid en goede manieren (= etiquette)
Goed en vakbekwaam personeel weet de beleefdheidsvormen in alle situaties toe te passen, waardoor de maatschappelijke omgang met de gasten en anderen vergemakkelijkt wordt. Beleefdheid en goede manieren brengen de algemene welwillendheid tot uitdrukking, alsmede respect jegens de andere mens of persoon. De twee eigenschappen gaan gewoonlijk samen, wat heel begrijpelijk is. De juiste vakman heeft geleerd dat het welslagen van zijn 'arbeid' van velerlei kleinigheden afhangt en dat daarbij zijn en haar komen en gaan, zijn en haar handel en wandel, dus zijn manieren, scherp worden beoordeeld. Hij heeft tevens nog iets anders geleerd, namelijk de goede van de kwade, de lastige van de meer gemoedelijke gasten te onderscheiden. Bij de één dient men op zijn tellen te passen en bij de ander kan men, in figuurlijke zin, wel eens een potje breken. Toch zal de meerdere vrijheid, die men bij laatstgenoemden geniet, **nóóit** mogen ontaarden in vrijpostigheid.

Innerlijke beschaving
Het belangrijkste kenmerk van de innerlijke beschaving is, dat hij voorkomt anderen te hinderen of te kwetsen en er voor te zorgen alles na te laten en te voorkomen wat voor de gasten pijnlijk of storend zou kunnen zijn. Innerlijke beschaving is doof en blind voor alle tekortkomingen van anderen. Innerlijke beschaving uit zich in beleefdheid, goede manieren, gedrag, tact, mensenkennis, spreken, persoonlijkheid, bescheidenheid en beperking.

Tact

Tact is moeilijk te definiëren. Het is een ongrijpbare eigenschap. Het kan vele verschillende dingen voor verschillende mensen betekenen. In de grond van het geheel betekent het een handige en vriendelijke behandeling van anderen, wanneer de omstandigheden een dergelijke behandeling noodzakelijk maken. De juiste vakman weet in omstandigheden wat past en betamelijk is. Het is de gave die hem in staat stelt de gasten moeilijke of onaangename verrassende momenten te besparen. Tact weet te loven en te prijzen, te wachten en te zwijgen en het betekent dat hij of zij meer denkt aan de gevoeligheid van de gasten dan aan eigen opwellingen van het ogenblik.

Zelfbeheersing

Een goede gastheer, contactfunctionaris of leidinggevende zal zich **nóóit** laten verleiden in drift iets te zeggen en te doen waarvan hij of zij later spijt zou hebben. Goede vakmensen dienen in staat te zijn, noch door woord en gebaar, blijk te geven van ongeduld, boosheid, verontwaardiging, bijval of afkeer.

Tolerant zijn

Tolerantie is een eigenschap waaraan onze wereld op dit moment de meeste behoefte heeft en waaraan het helaas veel te weinig bezit. Tolerantie is de eigenschap die ons in staat stelt de mensen te accepteren, zoals zij zijn en niet zoals wij ze zouden willen zien en hebben.

Verbazingwekkend is, dat velen in de dienstverlening ervan overtuigd zijn dat zij tolerantie in ruime mate bezitten. Een veel gebruikte uitdrukking is: ' ik ben altijd tolerant ' , ' Ik begrijp het wel' en dergelijke. Gewoonlijk denkt men dan ook dat men tolerant is, totdat men verwacht dat hij of zij die eigenschap in de praktijk brengt en dan ziet men vaak dat er té weinig van heeft. Wanneer je denkt dat je er maar te weinig van bezit, zorg er dan goed voor. Tolerantie groeit namelijk niet zo erg vlot!

Gedrag

Gedrag stempelt iemand tot een beschaafd of onbeschaafd persoon. De juiste gastheer, contactfunctionaris of leidinggevende gedraagt zich tegenover de gasten dan ook hoffelijk, beheerst, onopvallend en zeer voorkomend. Naast het uiterlijk gedrag is ook het innerlijk gedrag beschaafd en correct, met andere woorden: men zal op geen enkele wijze misbruik maken van de onwetendheid, onkunde en hulpeloosheid van gasten.

Oplettendheid en dienstvaardigheid

Een goede gastheer, contactfunctionaris of leidinggevende heeft eigenlijk ogen en oren van voren en van achteren, temeer omdat men dient op te passen niet door onoplettendheid iets om te lopen of te beschadigen. Maar met oplettendheid bedoel ik iets anders. Het gaat er om dat men steeds bereid dient te zijn de behulpzame hand te bieden waar dat te pas komt. Dat zal wel eens gepaard gaan met een kleine onderbreking van andere werkzaamheden. Attentie en behulpzaamheid dienen wel spontaan te gebeuren. De beloning krijg je vaak door waarderende woorden waar je niet bij bent. Dat is wel eens verkeerd. Een woord van lof kan soms aanmoedigend zijn en enorm veel goed doen, doch ook zonder dat herken je de juiste gastheer en contactfunctionaris.

Persoonlijke invloed

Één van de voornaamste eigenschappen voor het succes van een dienstverlenend bedrijf, en als onderdeel daarvan het tot stand brengen van de daaraan verbonden transacties, is de geschiktheid van zowel directie, management, gastheer en receptiepersoneel, om met gasten om te gaan. Daarbij dient men, naast theoretische vakkennis, over een ruime dosis goede smaak te beschikken om juist datgene naar voren te brengen, waardoor het geheel tot een gelukkige combinatie wordt die goedkeuring van de gast wegdraagt. Want dit is juist het moeilijkste, dat men zich, zonder eigen inzichten prijs te geven, dient in te denken in de wensen, de bedoeling en het wezen van de gast. Boven dit alles gaat de liefde tot het vak die ons bezielt tot waardige handelingen, zonder daarbij alleen en uitsluitend aan winst, fooi of geld te denken. Van een goede gastheer of contactfunctionaris mag men verwachten, dat hij zich behoorlijk weet te presenteren, zowel in uiterlijk als in goede manieren, in welbespraaktheid en een ernstige opvatting van zijn taak. De handel en wandel vormen dikwijls het onderwerp van gesprek en de kleinste kleinigheid kan daaraan afbreuk doen. Een gastheer of contactfunctionaris is een levend visitekaartje van het dienstverlenende bedrijf en daaraan zal hij de uiterste zorg dienen te besteden. Een goede gastheer, contactfunctionaris of leidinggevende zal er alles aan moeten doen om een goede gastheer, contactfunctionaris of leidinggevende te zijn. Steeds meer zal een grote categorie gasten op onze hulp zijn aangewezen. Men heeft **ons**, maar niet speciaal **jou** nodig ! Dat zal geheel van de gastheer, contactfunctionaris of leidinggevende afhangen.

Kennis van zaken (vaktechnisch inzicht)

De grote verscheidenheid in aanbiedingen, die we gasten in de dienstverlening kunnen aanbieden, is als een 'à la carte-kaart' met vele gerechten. De gastheer of contactfunctionaris is degene die het gebodene naar behoren en believen dient op te dienen. Hij of zij dient de gast door modern comfort een '**gastvrijheid**' aan te bieden. Zijn kennis komt daarbij rechtstreeks onder de aandacht van de gast. Verkopen en van advies dienen zijn zeer voorname handelingen, die de juiste gastheer, contactfunctionaris of leidinggevende dient te beheersen, wil hij het tot iets brengen. Daarom dient hij het technische beroep volkomen te beheersen. En weet: Goede arbeid is altijd lonend.

Spreken

Een goede gastheer of contactfunctionaris besteedt evenveel aandacht aan het spreken als aan de verzorging van zijn of haar kleding. Hij presenteert zich door beschaafd en op de juiste wijze te spreken, door middel van woordkeuze en de opbouw van zinnen.. Een goede gastheer, contactfunctionaris of leidinggevende weet niet alleen **wát** hij wil zeggen, maar ook **hoé** hij of zij het moet zeggen. Hij spreekt onbevangen en let op het verschillen tussen bijvoorbeeld liggen en leggen, tussen kennen en kunnen. Ernstige taalfouten trekken een conclusie over de algemene ontwikkeling. Een goede gastheer, contactfunctionaris of leidinggevende kijkt bij het spreken de gasten eerlijk, rustig en oprecht aan en niet doordringend, schichtig of terloops. Men zegt niet voor niets: Spreken is schilderen met woorden.

Mensenkennis

Eén van de belangrijkste eigenschappen van een goede gastheer, contactfunctionaris of leidinggevende is een goede kennis van mensen. Mensen met de juiste kennis zijn in staat, uit schijnbaar onbelangrijke details, een beeld van de gasten en hun persoonlijkheid en karakterstructuur op te bouwen en zij behoeven slechts hun gast te observeren om precies te weten wie zij voor zich hebben en hoe men ze dient te behandelen, aan te pakken en te benaderen.

ONZE HOUDING IN DE DIENSTVELENING

Het zijn niet alleen de kleren die de man of vrouw maken, het is ook de houding die een woordje meespreekt, met andere woorden : onze '**houding**' bepaalt in hoge mate onze instelling. Niet alleen uiterlijk (= lichamelijk) bezitten wij een houding, maar ook duidelijk een innerlijke (= geestelijke) houding.

De uiterlijke en lichamelijke houding, die wij in ons dagelijks leven aannemen kan ons bestempelen tot een actief en positief persoon of tot een onverschillig en lui persoon.

De innerlijke en geestelijke houding, die wij bij diverse gebeurtenissen of omstandigheden aannemen kan ons stempelen tot een

meevoelend, begrijpend en van goede wil zijnde persoon of tot een egoïstisch en zelfzuchtig persoon.
In onze houding mogen wij nooit uit het oog verliezen dat die houding door ons **zelf** bepaald wordt. Wat betreft onze uiterlijke houding kunnen wij een onderscheid maken in een tweetal richtingen, te weten :

1. De positieve houding
Dit is een houding, die overeenkomt als standvastig, zeker en gunstig.

- \# sta altijd op twee benen
- \# sta altijd recht
- \# houd je armen ontspannen
- \# maak een rustige indruk
- \# houd een bepaalde afstand
- \# kijk de mensen of gasten aan met wie je spreekt

2. De negatieve houding
Een houding, die ontkenning inhoudt, alsmede onvast en onzeker is.

- \# loop niet steeds heen en weer
- \# wip niet steeds van het ene been op het andere
- \# sta niet steeds met je handen in je zakken, op de rug of over elkaar
- \# maak geen bewegingen, die niet bij een houding horen

Een goede, juiste en positieve houding zal zoveel mogelijk stimuleren en helpen. Een juiste houding van het dienstverlenende personeel geeft als reactie beleefdheid en het volle begrip van gasten.

Met hun uiterlijke en innerlijke houding dient het dienstverlenende personeel de indruk te geven dat zij met en voor de gasten voelen. Velen, die het dienst verlenende beroep uitoefenen, denken wel eens dat het van buiten leren van gedragsregels voldoende is en dat dit ook de gewenste indruk op mensen en gasten maakt. Helaas, zo eenvoudig is het in het dienstverlenende beroep niet.

Iedere vaardigheid vereist naast kennis ook een intensieve oefening. Wilt men door houding en gedrag de gast werkelijk indruk geven van aandacht, dan is het beslist noodzakelijk dat alle elementen één harmonisch geheel vormen, zoals gezichtsuitdrukking, manieren, gebaren, spreken, toon en woorden.

In de houding van een gastheer, contactfunctionaris en leidinggevende mag geen enkele dissonant zijn. Als bijvoorbeeld de toon in de stem koel is, dan doet ze het effect van die arme woorden geheel te niet.

Velen onder ons laten tegenover gasten of meerderen hun toon van hun stem vaak overdreven hartelijk klinken. Deze toonverandering komt dan bij de ander over als het krassen van een mes op een bord. Ook zijn er die bij hun gasten of meerderen de indruk van sympathie willen wekken door het gebruik van een onechte klinkende toon. De overdrijving, onoprechtheid en aanstellerij ligt er soms duimendik boven op. Een gast of meerdere voelt dit onmiddellijk aan. Ze worden er hoogst onaangenaam van en het irriteert ze ook. De gedachte is dan al gauw van : 'mens, stel je niet zo aan !' of 'doe maar gewoon, dan doe je al gek genoeg !'

Vele contactfunctionarissen en dienstverlenend personeel falen door de disharmonie tussen hun manieren, gezichtsuitdrukkingen,

houdingen en woorden. Zij komen stijf, stroef en onpersoonlijk over en zij missen de nodige soepelheid, warmte en hartelijkheid.
Om nu een harmonisch samengaan van alle houdingsfactoren te bereiken is oefening nodig, ja, een volhardende oefening. Juist voor hen die in de dienstverlening en in het horecabedrijf willen slagen.

DE DIENSTVERLENING EN HET BEGRIP 'SERVICE'

Onder het begrip **'service'** wordt in het internationale horecabedrijf verstaan:

Alle diensten en handelingen om de gasten in alle opzichten tevreden te stellen

Goed opgeleid personeel, dat zijn werkzaamheden naar behoren vervult en ook begrijpt, behoort die werkzaamheden zo op te vatten, dat het niet alleen zal trachten aan de redelijke wensen zoveel mogelijk te voldoen, het dient zelfs nog verder te gaan, en zelfs te trachten hun wensen zoveel mogelijk te voorkomen.
Om hierin te slagen moet men dus persoonlijke eigenschappen bezitten. Wat de vaktechnische service betreft, dient het een

kwestie te zijn van scholing door middel van speciale vakopleidingen, waardoor - na een lange periode - de vereiste vaktechnische service wordt bereikt.

Wat de persoonlijke service betreft daar staat het wel enigszins anders mee. Deze zal hoofdzakelijk afhangen van een natuurlijke aanleg, alsmede van de individuele instelling bij de beoordeling van al of niet schikt zijn.

De gast kiest dié zaak, waar het eten niet alleen goed is, maar ook de service naar genoegen is.

Wordt hij in die verwachtingen teleurgesteld, dan zal hij reclameren, óf - in de meeste gevallen - de zaak in het vervolg mijden.

Het is daarom voor iedere horecaondernemer van het allergrootste belang aan het begrip "**service**" de uiterste aandacht te besteden. Onder dié service mag hij verstaan:

Het zijn gasten in alle opzichten zo aangenaam mogelijk te maken en aan hun wensen tegemoet te komen, voor zover deze althans redelijk zijn en in overeenstemming met het desbetreffende bedrijf

Ook de totale dienstverlening is voor de gast een zeer belangrijke factor. In vele gesprekken komt het bedienend of serveerpersoneel van de verschillende horecabedrijven ter sprake, zowel in positieve alsook in negatieve zin. Dit mag ons uiteraard niet verwonderen, want de gast is zeer gevoelig voor attenties en in vele horecabedrijven is het bedienend of serveerpersoneel de enige schakel tussen hen en het bedrijf.

Het bedienend of serveerpersoneel, maar ook de andere contactfunctionarissen en leidinggevenden kunnen daarom voor een bedrijf veel goed maken, maar ook veel, zelfs zeer veel, bederven. Men kan dus het cachet, dat wil zeggen: bewijs van goede smaak, zorg en overleg van het desbetreffende bedrijf verheffen of degraderen.

Iedere horecaondernemer, die dus een service levert in overeenstemming met de aard van zijn bedrijf, mag daarom voor zichzelf het recht voorbehouden een goede service te hebben en te leveren.

Doch wat echter bij de één met '**goed**' kan worden gewaardeerd. Brengt het in een andere zaak niet hoger dan een bescheiden '**middelmatig**'.

Het is dus van groot belang dat de service, welke wordt geleverd door dié personen, die met de gast in contact komen, alle zorg krijgt.

Van deze service - ook wel '**frontservice**' genoemd - is het vooral een correcte en vlotte restaurantservice, die het '**cachet**' geeft aan de zaak en ook indruk maakt op de gasten.

Dit neemt niet weg, dat ook achter de schermen, bijvoorbeeld de keuken, het buffet e.d., aan deze service wordt en is gewerkt.

Wanneer het eten veel te wensen overlaat en niet in de bestelde volgorde doorgaat, zodat de gasten met recht kunnen klagen over een slechte service, is dit dan ook niet altijd het gevolg van te weinig bedienend of serveerpersoneel, maar ook te weinig of slecht ander personeel.

De oorzaak ligt vaak in een slechte organisatie, geen orde en deskundigheid van leidinggevende functionarissen, gemis aan samenwerking tussen de verschillende afdelingen, verkeerde bezettingen in keuken, restaurant en andere afdelingen.

Ieder bedrijf heeft zijn topniveau en wanneer dit bij onverwachte grote drukte wordt overschreden, dan blijft er vaak niets anders over dan ervan te maken wat ervan te maken is en zal men vaak dienen af te wijken van de gebruikelijke service.

Gewoonlijk loopt dan alles in het honderd, het regent klachten over en weer en velen zijn vervolgens de kluts kwijt. In vaktaal pleegt men dan vaak de uitdrukking te gebruiken van : 'ze zwemmen'.

In zulke gevallen van topdrukte en overbelasting herkent men de vakman. Hij gaat met verstand en overleg te werk. Brengt systeem in zijn werk en weet de druk op de keuken zoveel mogelijk te verlichten.

Van goed opgeleid bedienend en serveerpersoneel en andere contactfunctionarissen mag daarom woerden verwacht, dat het zijn gasten goed en juist voorlicht. Hij zal vertrouwd dienen te zijn met de prestaties en werkzaamheden van alle andere afdelingen in het bedrijf.

Een in alle opzichten zal een goede gastheer, contactfunctionaris of leidinggevende geen enkel risico nemen en zal zoveel mogelijk teleurstellingen onder gasten zien te voorkomen en zal zorgen dat zijn service in orde is, hetgeen wil zeggen dat alles er aan wordt gedaan zoals het betaamt.

De voordelen van een goede service zijn velerlei, want het beschaafde smaakgevoel komt evenzeer in opstand tegen slecht opgediende als tegen slecht bereide spijzen en gerechten.

De intense tafelgenoegens bestaan dan ook niet alleen uit het zich toedienen van smakelijke gerechten, maar vragen ook een smaakvolle genoegdoening.

ZELFCONTROLE

Wanneer men het gevoel heeft dat men niet snel genoeg vooruit kan komen bij je bedrijf, dan dient men onderstaande punten maar eens te controleren:

- # Verschaft je werk een zeker geluk ?
- # Heb je vertrouwen in je bedrijf ?
- # Toen je met je werk begon, dacht je toen dat je promotie sneller zou gaan dan het succes dat je behaald hebt ?
- # Kun je goed opschieten met je superieuren, collega's en ondergeschikten ?
- # Kom je goed, betrouwbaar en serieus over op je gasten ?
- # Kun je goed met je gasten opschieten ?
- # Ben je tevreden met je werk en de uitvoering ervan ?
- # Heb je het gevoel dat het bedrijf je de steun geeft die je verdient ?
- # Vind je dat het bedrijf een goede service aan zijn gasten biedt ?
- # Werk je nog net zo hard als toen in het begin ?
- # Controleer eens bovenstaande punten. Wanneer je na die controle ontdekt dat het je niet zo goed gaat bij dat werken en bij de uitvoering van je beroep en je niet zo gelukkig bent als je zou moeten zijn, dan - nee, wacht nu even, ga nog niet direct naar een andere baan uitkijken !

Denk nu eens terug aan je vorige baan en eventueel aan de baan daarvoor en antwoordt op dezelfde vragen, als hierboven gesteld, alsof je daar nog werkte.

Misschien merk je dat je al die tijd de **verkeerde** mensen de schuld hebt gegeven door dat gebrek aan succes. Misschien ligt het wel aan jezelf. Daarom, controleer regelmatig jezelf.

ONZE GEDACHTE

Uit mijn ervaring kan ik stellen dat vele mensen zich veel te bescheiden opstellen en zij zouden wel wat meer willen, doch de moed ontbreekt hen. Daarom wil ik graag onderstaande regel huldigen:

Wees niet al te bescheiden

Wij mensen vinden vaak onze gedachten onbelangrijk, omdat ze van hemzelf zijn. Wij zijn angstig dat een ander onze gedachten niet accepteert of begrijpt.
In elk vernuft en begaafd werk herkennen wij vaak onze eigen gedachte, die we zelf al hadden verworpen. We zien dan echter onze gedachte terug in een van ons vervreemde grootheid.
Wij dienen te leren de 'lichtflits', die van buitenaf door ons heen schiet, op te merken.

Waarom ? Anders zegt morgen iemand anders, in meesterlijke bewoordingen, precies wat wij al die tijd gedacht en gevoeld hadden. Als dat zo is, dan dienen wij tot onze schande onze eigen gedachten en denkbeelden van anderen te horen.
Dus, wees niet al te bescheiden, maar laat zien wie je werkelijk bent.

DE GEDRAGSREGELS IN DE DIENSTVERLENING

HET HEBBEN VAN LEF

Het is een mannenwoord: **Lef.** Geen flauwekul, geen excuses. Een eerlijk woord van een echte vent.
Vele goede personen weigeren het woord te gebruiken en willen het niet graag horen. En toch is het een woord om iets mee te zeggen.
Kort, fel, naakt, levend – een woord dat dwars door fineer en lak heen gaat, door snobisme en aanstellerij. Een woord dat tot de wortel van de dingen doordringt.
Zeg het ! Haal eens goed adem en spuug het uit: **Lef**
Je kaken klemmen zich opeen. Je ogen schitteren. Je bent een man. Je kunt het uitvechten, je bent iets waard. Je bent niet moe,

ontmoedigd of verslagen. Misschien sta je met je rug tegen de muur. Misschien zitten je financiën in de knoop. Misschien lijkt het of de hele wereld erop uit is je te breken. Misschien wil je het opgeven en een gemakkelijker baantje gaan zoeken. Moe van het staan op eigen benen. Moe van het ophouden van je eigen image. Moe van het telkens opbrengen van extra nerveuze energie.
Stop eens even en schud je zelf wakker. Je bent echt de enige niet. Je collega naast je vergaat het misschien veel slechter. Er is nog niets gebeurd. Je leeft tenminste nog en je bent best in orde. Er gaat namelijk niets gebeuren dat je niet aankunt. Je hebt hersens en een hart en een eigen wil. Stop, haal eens diep adem en spuug het uit: '**Lef**'
Je kaken zullen zich opeen klemmen. Je ogen zullen schitteren en een opwindend gevoel van nieuw leven zal je doortintelen.
Je kunt het. LEF Het is een hard, wild en krachtig woord. Maar het zal je verder in je leven en werk brengen.

GELUK

Velen zoeken het geluk, maar slechts weinigen vinden die ontwijkende "Robin Hood", want zij zoeken naar een vorm van eeuwigdurende zaligheid.
Voor sommigen betekent geluk grote rijkdom, voor anderen een perfecte gezondheid. Of komt het soms wanneer je een ster of idool bent geworden ?
Hebben wij het wanneer wij, eindelijk bevrijd van het werk, een wereldreis maken ? Ik betwijfel het sterk.
Geluk is geen eindproduct. Het is als de zonneschijn, samengesteld uit vele kleine zonnestralen, die voor het moment bij ons zijn en dan weer dagenlang verdwenen. Het kan op een weekend

komen en bij wijze van spreken op maandag weer verdwijnen. We kunnen het voor een vluchtig moment pakken op dinsdag en op woensdag is het weer vergeten. Geluk leeft in ons dagelijks leven, zoals de punten en de komma's dat doen in een boek.
Het enige droombeeld ?
Velen hebben verlangd naar de vrijheid van een eilandenparadijs of hebben naar de maan gereikt om een droombeeld (= utopie) te vinden, die in werkelijkheid alleen ontdekt kan worden wanneer wij ons te midden van diégenen bevinden die ons lief zijn. Sommigen beweren dat alle geluk in het werk ligt opgesloten, maar als dat zo is, gebruiken wij het werk alleen als tijdspassering en als uitlaat voor onze gevoelens en emoties.
Het zou misschien van toepassing kunnen zijn voor de beeldhouwer, de kunstenaar of de schrijver - maar de man die 'lopende bandwerk' verricht of de man die alleen maar gaten boort, slechts het geluk vinden door nog meer knoppen te monteren of meer gaten te boren ?

De schrijver Bernard Shaw zei eens: " De enige manier om te voorkomen dat je je beroerd voelt is geen vrije tijd genoeg te hebben om je af te vragen of je wél of niét gelukkig bent ". Maar Bernard Shaw hield van toneel én van schrijven. Hij genoot wanneer hij lezingen hield en vond het niet prettig wanneer men hem met zijn gedachten alleen liet.

'Leer van mij', zo roepen vele filosofen, denkers en redenaars, 'en je zult gelukkig zijn'. Helaas konden de meeste van hen wél theorieën opbouwen voor anderen en ontwerpen maken om ons te vertellen wat wij moeten doen, maar het waren en zijn zelf uitermate ongelukkige mensen.

Wij mogen het genoegen niet verwisselen met geluk. Wij kunnen ons zelf onderdompelen in sport, behoorlijk drinken, het gezelschap van vrouwen of mannen prettig vinden, leden van clubs of kroeglopers worden, maar dat zijn vaak juist de schaduwen die de zonnestralen van het geluk verduisteren.

Ene Douglas Jerold hield in een van zijn boeken vol dat geluk aan onze eigen haard groeit en niet in vreemde tuinen gevonden kan worden. En de schrijver Johnson zei eens: ' de uiteindelijke ambitie van elke man of vrouw is een gelukkig huiselijk leven leiden'.

Dus wel de moeite waard ? Wij dienen ons eigenlijk elke dag af te vragen of wij wel alles doen, alles wat in onze macht ligt, om er zeker van te zijn, dat niets wat wij doen, het enige geluk dat de moeite waard is, kan verstoren : 'Het genot van ons huis en ons gezinsleven'.

Een vooraanstaand psychiater beweerde eens in zijn boek, dat we ons deel van geluk niet zullen krijgen vóórdat we onze remmingen kwijt zijn, terwijl een bekende Amerikaanse psycholoog erop wijst dat psychiaters 'oproerkraaiers' zijn.

Wat wij tegenwoordig nodig hebben, zei hij, is een beetje ouderwetse wilskracht, die je kunt krijgen door enkele malen per dag te herhalen : 'Ik wil..........' Dat, beweerde hij, zal tot een gelukkiger leven leiden.

Een kerkelijke of religieuze autoriteit houdt het bij bidden of meditaties, terwijl een ander in een krantenartikel zegt dat sportbeoefening het beste is en velen het geluk brengt.
Wij kunnen extrovert zijn en net doen alsof we gelukkig zijn of introvert en een boel plezier hebben met onze jammerklachten.
Ik kan de filosofen, die proberen geluk te definiëren, niet evenaren, dus zal ik er mij mee tevreden stellen te beloven dat het geluk in het leven zal groeien, tenminste als men het advies van mij ter harte neemt.
Met dit advies bedoel ik de praktische kant en geen theorie. Deze praktische leidraad is niet gebaseerd op theorieën, maar op feiten, feiten die tot gevolg hebben dat heel veel mensen in het dienstverlenende beroep meer uit hun leven kunnen halen.
Er zijn twee hoofdprincipes. Het eerste principe is gebaseerd op de stellingen van de '**Kiratarjunija van Bharavi**' (* Indische letterkundige en epische dichter). Hij moet naar alle waarschijnlijkheid in de 7^e eeuw na Christus worden gesitueerd. Beroemd is zijn kunstepos '**Kiratarjunija**' en dat handelt over heldenstrijd, levenswijsheid, wedergeboorte, zedenkundige beschouwingen en levensspreuken. Hierin wordt verhaald dat het 'ware geluk' daaruit bestaat, dat men anderen gelukkig maakt.
Het tweede principe rust op het feit dat we in het algemeen gelukkiger zijn wanneer anderen ons graag mogen.
Je kan natuurlijk stellen, dat je niet van die nonsens houdt. 'Het kan me geen klap schelen of iemand me wél of niét mag !' 'Ik heb nog veel liever dat ze me niet mogen. Dan weet ik tenminste waar ik aan toe ben'.
Je zou geen uitzondering zijn als je deze gedachte had, maar toch heb ik nog nooit iemand ontmoet, die het niet prettig vond als

men hem mocht. Hoe harder en ruwer de mens is des te meer voelt hij of zij zich gevleid wanneer iemand hem mocht.

Teneinde nu een bepaalde graad van geluk voor jezelf te bereiken, dien je dus meer mensen te hebben en te ontmoeten die je graag mogen.

Je dient dus iets te doen om anderen gelukkig te maken en dit kan allemaal bereikt worden door de basisprincipe van de **menselijke relatie** op te volgen.

Deze relatie is de filosofie van het in vriendschap leven met je medemensen. Om het eenvoudiger te stellen : Op voet van vriendschap leven met je gasten, superieuren, collega's, vrienden, vriendinnen, ouders, broers, zusters, medescholieren, kennissen en eventuele bekenden. Wij hoeven alleen maar te bedenken dat we anderen dienen te behandelen, zoals we zelf willen dat zij ons behandelen.

Wil je ontkennen dat dit een gezonde basis is voor de menselijke relatie ? Noem je het misschien flauwekul ? Dat denk ik echter niet ! Goed, dan ben je het in ieder geval met me eens. En als je er mee eens bent, dan is het alleen een kwestie van het in de praktijk brengen om je relatie met anderen c.q. gasten te verbeteren en op die manier je eigen geluk te vergroten.

WEES OPGEWEKT

Niemand stelt het gezelschap van een mistroostige of deprimerende gastheer, contactfunctionaris of leidinggevende op prijs, gasten allerminst. De meeste van ons hebben zelf genoeg zorgen zonder dat we naar de klachten en ongelukjes van betrekkelijk vreemden luisteren.

Zelfs leden van één familie zijn er niet bepaald op gebrand, aan te horen, hoe een zus of broer of één van de ouders hun operaties in alle details beschrijven of over de decadentie van de moderne samenleving oreren. Waarom zouden gasten dan naar dergelijke praatjes van het dienstverlenend personeel willen luisteren ?

Mensen zijn in onze huidige materialistische, egoïstische en welvaartstijd teveel gedeprimeerd. Waarom zou een gastheer, contactfunctionaris of leidinggevende van hun gasten verwachten, dat zij geïnteresseerd zijn in hun problemen. Natuurlijk willen sommige zwartgallige mensen niet anders, zodra zij ons hun beurt over hun eigen klachten kunnen uitweiden. De meeste van ons, die het dienstverlenende beroep kiezen, geven de voorkeur aan opgewektheid boven neerslachtigheid, aan lachen boven tranen.

Nee, nooit meer dus, gedurende je gehele verdere loopbaan, mag je een deprimerend verhaal vertellen of blijk geven van een negatieve levensinstelling tegenover je gasten. Wanneer een gast begint je met zijn verhalen te deprimeren, luister dan, maar betaal hem of haar niet met gelijke munt terug.

De eerste stap naar het ontwikkelen van een vrolijke en opgewekte persoonlijkheid bestaat hierin dat je anderen niet met je moeilijkheden verveelt. Ongeacht hoe verleidelijk het ook moge zijn, te zeggen : 'Ik heb een barstende hoofdpijn' of 'Ik ben afschuwelijk verkouden', doe het niet. En niemand, maar dan ook niemand kan het werkelijk schelen welke operatie je hebt ondergaan.

'Hij is een geschikte gastheer', 'Zij is een voortreffelijke gastvrouw' of 'zij is een perfecte receptioniste' is het mooiste etiket voor je.

Als je volledig je depressies te boven wilt komen, dien je vaker te glimlachen.

Weinig gastheren, contactfunctionarissen en leidinggevenden glimlachen voldoende, hoewel een glimlach een gast zal beïnvloeden zodra je hem ontvangt.

Niet een bevroren lachje, mechanisch, als het ware besteld door een theateragent, maar een echte gemeende glimlach, dat werkelijk genoegen aanduidt.

Waarom zou je het geen genoegen doen een gast te ontvangen ? Tenslotte is hij je dagelijks brood. Zonder hem zou er weinig zijn om over te glimlachen, van zijn bestelling, misschien keer op keer herhaald, zijn je toekomstkansen en vooruitzichten op promoties afhankelijk. Wanneer je niet blij bent hem te ontvangen, hem graag wilt adviseren, dan dien je helaas het dienstverlenende vak te verlaten.

Een echte glimlach is universeel een teken van plezier. Een glimlach op het gezicht van een kind in Indonesië betekent precies hetzelfde als een glimlach van een kind uit Groenland. Een glimlach is niet afhankelijk van huidskleur, ras, cultuur of geloof. Hij is net zo aanstekelijk, of hij nu komt van een zwaargewicht bokser of een teenager. Een glimlach geeft het leven warmte en kan een vonk doen aanwakkeren van menselijkheid in de grootste zuurpruim.

Glimlach echter niet alleen met de lippen. Glimlach ook met de ogen. Moeilijk ? Onmogelijk ? Kan niet ? Maar weet je dan wel wat 'glimlachen met de ogen' betekent ? Denk maar eens aan die keer toen je misschien van iemand zei, dat hij een 'koude blik' had. Heb je de temperatuur opgenomen ? Heb je er met je vingers in zitten wroeten om te voelen of die ogen kil waren ?

Geloof je zelf dat hun ogen fysiek koud waren ? Natuurlijk niet. Je bedoelde dat de persoon zelf 'koud' was, iemand die je niet erg

mocht. Hij trok je niet, niet omdat hij koude ogen had, maar omdat zijn ogen je een aanwijzing gaven voor zijn persoonlijkheid. Heldere ogen ? Een vrij aardige vent of vrouw. Warme ogen ? Zij is het voor je. Scherpe ogen ? Kijk uit, maak geen vergissing of je raakt in moeilijkheden.
Mensen worden beoordeeld naar hun ogen. En glimlachende ogen doen een glimlachende persoonlijkheid veronderstellen.
Probeer dus altijd met je ogen te glimlachen. Maak ze koud, dan scherp, nu warm, nu nadenkend en ...nu glim- lachend. Heb je dat gedaan ? Niet zo moeilijk, wel ?

TACT – TEMPERAMENT – TOLERANTIE

Menselijke verhoudingen zijn van het grootste belang voor het dienstverlenende beroep. De welbekende zinsnede : 'Ik ben door de mensheid omringd' schiet je te binnen wanneer menselijke verhoudingen besproken worden. Voor hen, die in de dienstverlenende en horecasector werken, hebben zij nog een speciale betekenis
Gastheren, contactfunctionarissen en leidinggevenden zijn op een zeer bijzondere manier betrokken bij de mensen en wanneer zij de menselijke waarden bij deze mensen stimuleren, zullen zij ook de "dienstverlenende waarden" met meer succes tot stand brengen.
Op de markt zal de pasmunt van de menselijke verhoudingen elke dag en iedere keer dienen te worden uitgegeven. Onder de vele waarden in de menselijke verhoudingen zijn:

tact
temperament
tolerantie

Tact is moeilijk te definiëren. Het is een ongrijpbare eigenschap. Het kan vele verschillende zaken voor verschillende mensen betekenen. In de grond van de zaak betekent het een handige en vriendelijke behandeling ten opzichte van anderen, wanneer de omstandigheden een dergelijke behandeling noodzakelijk maken - en in de omgang met mensen - in ons geval met gasten - is dat vaak het geval.

Ondanks de waarheid hiervan is het nog steeds verbazend zoveel mannen en vrouwen te ontmoeten die met veel plezier verkondigen : 'Ik ben een tactloos mens'. 'Ik ben, zoals ik ben'. 'Ze moeten mij maar nemen , zoals ik ben', enz. Deze woorden dan vaak nog gezegd met een opmerkelijke trots, net alsof gebrek aan tact een **'gave'** is.

Wanneer men dit wilt geloven, neem dan het voorbeeld van een groep mensen die bij elkaar waren.

In de gezellige hal van het hotel bevindt zich misschien de man die wij bijna altijd in een dergelijke groep vinden - de vader van alle sprookjesvertellers. En jawel, hij heeft een nieuw verhaal, deze keer voor de nieuwe groep.

Het is een verhaal, misschien over de trouw van een man of vrouw, over een land, een huidskleur of ras of zelfs over een aangeboren mismaaktheid. Over deze onderwerpen zijn humoristische verhalen verteld en zullen altijd verteld worden, vele, vele en vele keren. Iedereen ligt dubbel van het lachen, behalve één man. Hij vindt het helemaal niet zo leuk. Het blijkt toevallig zijn land, geloof, huidskleur, ras of zwakke punt te zijn en de eerste wet van de tact is geschonden, iemand werd gekwetst. Ik weiger te geloven, dat zulke dingen onvermijdelijk zijn. Met een beetje opmerkingsvermogen kan de drang om het verhaal te vertellen, beteugeld worden. Dat dient men ook te doen, wil de gastheer, contactfunctionaris of leidinggevende hun menselijke verhoudingen intact houden.

Maar hoe staat het dan met ons **temperament** ?
Dat is, wanneer het slecht is, vaak een broertje van tactloosheid. Een slecht humeur kost nu eenmaal gasten. Zo was het vroeger en zo zal het zeker altijd blijven.

Is het niet beter ervoor te zorgen dat wij allemaal gebruik maken van onze **tolerantie** ? Tolerantie is de eigenschap waaraan onze hedendaagse wereld op dit moment de meeste behoefte heeft en waaraan het helaas veel te weinig bezit. Tolerantie is de eigenschap die ons in staat stelt de mensen en gasten te accepteren zoals ze zijn en niet zoals wij ze zouden willen hebben. Soms hebben zij volkomen gelijk - soms hebben wij het helemaal mis.
Het verbazingwekkende is, dat wij allemaal overtuigd zijn dat wij de eigenschap van de tolerantie in ruime mate bezitten. Een veelgebruikte uitdrukking is : 'Ik ben tolerant - ik begrijp het wel' . Maar de persoon van deze woorden denkt gewoonlijk dat hij tolerant is. Totdat men van hem verwacht dat hij die eigenschap in praktijk brengt en dan ziet hij vaak dat hij er te weinig van in voorraad heeft.
Wanneer men denkt dat men er maar weinig van bezit, zorg er dan goed voor. Het groeit namelijk niet zo erg vlug.

ONS SPREKEN

Het gezegde : **'spreken is opnieuw beleven'** bevat een grote waarheid, want spreken in positieve zin is eigenlijk schilderen met woorden en woorden waar je je in hart in legt, zullen namelijk altijd weerklank vinden.

Goed Nederlands is bijna in alle gevallen een veel betere introductie dan alleen maar goed gekleed te zijn.

Zij die ernst maken met het kiezen van een carrière in het dienstverlenende beroep, zal dan ook evenveel aandacht dienen te schenken aan de spraak als aan de snit van zijn of haar kleding.

Een goede raad wil ik toch nog wel naar voren brengen. Wees altijd jezelf bij het spreken, ook in het taalgebruik, en probeer binnen de grenzen daarvan te schaven en te verbeteren.

Een regel die bij het gesprek geldt is, dat elke beweging dan ook dient te behoren bij het gesprokene. Deze bewegingen worden in een drietal groepen ingedeeld, ten weten:

MIMIEK

Dit is de kunst om, door bewegingen van het gezicht en door gebaren in het algemeen, gewaarwordingen uit te drukken. Alle bewegingen, die door onze gelaatsspieren kunnen worden gemaakt en die uitdrukking geven van: vreugde, verdriet, blijdschap, ernst, minachting, afschuw, verbazing, verwachting, hoop en dergelijke, geven **innerlijke** gevoelens weer. Doch dikwijls verraadt onze mimiek onze **werkelijke** gevoelens, zoals : teleurstelling, zorgen, vermoeidheid, spreekangst, onverschilligheid, hoogmoed, minderwaardigheid, zenuwachtigheid, moeilijkheden en dergelijke.

Het is te begrijpen dat deze mimiek onjuist is en om de positieve mimiek goed over te laten komen zal men deze volkomen dienen te beheersen

GEBAREN

Gebaren worden in een tweetal groepen ingedeeld :

A. SPONTANE GEBAREN

Hoffelijke gebaren :
Deze zijn o.a. bij welkomstwoorden, begroetingen, uitingen van respect, etc.

Emotionele gebaren :
Deze zijn o.a. bij angsten, vreugde, smart, haat, wanhoop, spijt, verveling, luiheid, woede, verdriet, verontwaardiging, etc.

\# **Veelzeggende gebaren** :
Deze zijn o.a. naar het voorhoofd wijzen, vinger en duim ten teken van veel geld, etc.

\# **Betogende gebaren** :
Deze zijn o.a. opgeheven hand, etc.

B. BIJZONDERE GEBAREN :

\# **Bestuderende gebaren** :
Deze zijn o.a. brillenglazen schoonmaken, horloge opwinden, sigaret bijna opsteken en weer neerleggen, etc.

\# **Verklarende gebaren** :
Deze zijn o.a. het aangeven van afmetingen, etc.

\# **Speciale gebaren** :
Deze zijn o.a. afkeurend, waarschuwend, ontkennend, voorstellend, vragend, afwerend, etc.

\# **Gebaren van goede smaak** :
Deze zijn o.a. vinger en duim tot een ringetje maken, etc.

\# **Suggestieve gebaren** :
Dit zijn gebaren die gedachten en/of gevoelens opwekken, b.v. stap vooruit e.d.

VOORDRACHTSKUNST

Dit is de kunst van voordragen door middel van voorleggen, toelichten, voorstellen, inkleden en declamatie. De beweging moet verduidelijken, de nadruk leggen op en meer kleur geven aan het gesproken woord.
Mimiek, gebaren en **voordrachtskunst** worden in het sterk ontwikkelde visuele geheugen vastgelegd en zijn als het ware kapstokken waar het gesprek aan hangt.
Een goed gesprek heeft dan alleen een kans van slagen als wij ons aan bepaalde grondregels houden :

- \# Spreek langzaam en rustig ;
- \# Laat naast bewondering in je stem ook, indien nodig, je afkeer horen ;
- \# Breng in je gesprek afwisseling ;
- \# Geef elk woord zijn eigen klank, zoals b.v. Emotie, medelijden, vreugde e.d. ;
- \# Leg de klemtoon op de juiste woorden ;
- \# Breng ritme in je woorden ;
- \# Varieer het tempo en zeg gewichtige woorden op een langzame manier
- \# Verander regelmatig je toonhoogte ;
- \# Breng pauze in woorden en zinnen die gewichtig zijn ;
- \# Breng melodie in je woorden en zinnen ;
- \# Breng 'geluid' in je woorden, zoals b.v.
    - ~ zeg tedere dingen zachtjes
    - ~ belangrijke dingen met stemverheffing

Als goed gastheer, contactfunctionaris of leidinggevende kan dus je carrière slagen als je je bekwaamt in het goed spreken.

HOFFELIJKHEID

Een tijd geleden zat ik in een restaurant op mijn gemak een of ander tijdschrift te lezen, toen ik een aantal mensen van het bedienend personeel over hun gasten hoorde praten. Vanzelfsprekend hadden enkelen van hen het over gevallen, waarbij ze door gasten minder beleefd waren behandeld. De 'echte' gastheer, contactfunctionaris of leidinggevende laat zich echter niet van streek brengen door onbeleefdheid en hij wordt ook niet geschokt door sarcasme.

Met geduld en hoffelijkheid kalmeert hij ongemerkt zijn gasten en bewaart zodoende niet alleen de goodwill maar verbetert deze ook nog. De meeste van hen echter waren heel tevreden en hadden prettige verhoudingen met hun gasten aangekweekt. Sommigen waren zelfs zo tevreden dat ze zaten te gnuiven : 'Jongen, ik noem bijna al mijn gasten bij hun voornaam'. 'Wij zijn allemaal dikke vrienden geworden'.

Wie had nu gelijk ? Dit zou mij zorgen gebaard kunnen hebben, want ik kan mij niet herinneren dat ik ooit een gast(e) bij zijn of haar voornaam heb genoemd
Was dit een zwakheid van mij ? Of waren mijn gasten toen der tijd anders ? Ik geloof dat het misverstand daarin ligt dat men een vriendelijk gesprek vaak verwart met vriendschap.
Terwijl we door de meeste gasten wel redelijk vriendelijk worden behandeld en min of meer beleefd worden aangehoord, kunnen we dit toch niet accepteren als meer, want dit zou een misvatting van de situatie zijn.
Wat hun status ook moge zijn, je gasten hebben dezelfde moeilijkheden als de rest van ons. Ze gedragen zich gewoonlijk redelijk tegenover anderen, om dezelfde reden als de rest van ons doet.
Zo wordt het leven een beetje gemakkelijker, minder gecompliceerd. Maar een recent onderzoek heeft uitgewezen dat slechts **4** op de **20** gastheren c.q. gastvrouwen in feite graag gezien zijn bij hun gasten. Afgezien van een kleine groep die werkelijk gehaat is, maken de meeste van ons geen diepe indruk, positief noch negatief. Daarom is het zo belangrijk de principes van goede menselijke relaties in ons dagelijks leven en werk toe te passen. Dan pas kunnen we hopen een klein plaatsje in die kleine kring van graag geziene gasten te veroveren. Dit zal zeker er toe bijdragen een persoonlijk streepje voor te hebben op anderen.
Vakmanschap is niet te vervangen, doch aan de andere kant heeft menige gastheer, contactfunctionaris en leidinggevende ondervonden dat een té nauwe vriendschap met gasten een hinderpaal kan zijn, speciaal wanneer hij of zij rekening dient te houden met bepaalde problemen het bedrijf aangaande.

Zelfs wanneer men jou graag mag, waardoor je een streepje voor hebt, dien je je zo effectief mogelijk op te stellen. Dit betekent dat je je gasten altijd dient aan te tonen hoeveel hij kan winnen door met je op vriendelijke wijze om te gaan. Wanneer hij de voordelen en de pluspunten duidelijk ziet zal hij je respecteren.
Vriendschap zonder meer zal je niet veel verder brengen. Wanneer de gast je 'zakelijk' waardeert, zal dat de beslissende factor zijn, omdat dit echte vriendschap in de dienstverlenende sector is.

EERLIJKHEID

Met betrekking tot eerlijkheid bestaan er geen graderingen. Men is eerlijk of men is niet eerlijk. Velen zijn echter oneerlijk zonder het zelf te weten. Mensen, die met afkeer zouden terugdeinzen bij de gedachte om in een bus gevonden portemonnee zelf te houden, zouden rustig zonder te betalen de bus uitstappen als er geen conducteur of controleur bij hen kwam.
Iemand heeft ooit eens gezegd dat de enige eerlijke mensen diegene waren die niet oneerlijk hoefden te zijn. Dat is niet waar. Menigeen wordt eerlijker naarmate hij ouder wordt, maar gewoonlijk omdat zij met de jaren verstandiger worden.

De meeste mensen zijn erg eerlijk en dwalen slechts door onwetendheid.

Een gastheer, contactfunctionaris of leidinggevende beschouwt het misschien niet als oneerlijk om een pen of potlood van zijn werkgever mee naar huis te nemen, maar toch is het diefstal. Duizenden, die zich beledigd zouden voelen indien men hen van oneerlijkheid zou betichten, plegen soms kruimeldiefstallen op hun werk.

Zij nemen misschien af en toe wat onbelangrijke dingen mee naar huis voor eigen gebruik, etenswaar of linnengoed, maar het is en blijft oneerlijk.

Een zakenman, die zonder goede reden zaken declareert of zijn eigen dinerrekening opschroeft, is oneerlijk. Maar wij kunnen het nog verder doortrekken. Een gastheer, contactfunctionaris of leidinggevende die een gast misleidt of toezeggingen doet, die men niet kan nakomen, is geen eerlijke man of vrouw.

Waar eindigt het begrip 'eerlijkheid' en wanneer is er sprake van oneerlijkheid ?

Iedereen zal een, naar mijn mening, passend excuus kunnen aanvoeren wanneer hij afwijkt van het strikte patroon van eerlijkheid. Degene die weigert om op enigerlei wijze te schipperen met zijn opvattingen van eerlijkheid, is oprecht.

Ik denk dat je jezelf maar eens dient te beoordelen op dit punt. Durf je dat ?

LOYALITEIT

Shakespeare legt Koning Richard van Engeland de volgende woorden in de mond :

' De kostbaarste schat die een sterfelijk wezen kan bezitten is een vlekkeloze reputatie. Zonder deze is de mens slechts verguld leem, een geverfd blok klei. Een juweel in een tienmaal verzegelde schatkist is een moedige geest in een trouwe borst. Mijn eer is mijn leven en beiden groeien samen. Ontneem mij die eer en mijn leven is vergaan '

Een moedige geest in een trouwe borst bezitten – is dat niet wat wij allemaal willen ? Moedig genoeg om trouw te zijn in moeilijkheden of wanneer we het gevoel hebben dat we onheus zijn behandeld door gasten, werkgevers of vrienden.
De loyaliteit wordt niet op de proef gesteld wanneer je zaken goed gaan en wanneer je werkzaamheden geprezen worden : dat gebeurt pas wanneer je uit de gunst bent en men jouw inspanningen niet waardeert. Veel gastheren, contactfunctionarissen en leidinggevenden , met gasten die klachten hebben, geven hun chef, bedrijfs-

leider of directeur de schuld wanneer er iets mis gaat, doch dat is niet loyaal. Andere gastheren, contactfunctionarissen en leidinggevenden praten geringschattend over hun bedrijf en kleineren het beleid van de directie of management. Sommigen bekritiseren de 'producten' van het bedrijf in het bijzijn van gasten. En toch noemen zij zich dan loyaal,
Wanneer een gastheer, contactfunctionaris of leidinggevende hun bedrijf niet trouw kan zijn, zal men weg dienen te gaan. Wanneer een chef niet loyaal tegenover zijn personeel kan zijn, dient hij te worden ontslagen.
Het getuigt niet van ontrouw, wanneer een bedrijf wordt verlaten voor een baan met betere voorwaarden en vooruitzichten. Loyaliteit bindt niet voor altijd aan een bedrijf. Maar zolang je bij een bedrijf werkt, dien je dit bedrijf je volledige loyaliteit te geven. Niemand kan serieus en ontrouw tegelijk zijn.

VERTROUWEN SCHEPPEN

Ons oordeel over onze medemensen is vaak gebrekkig. De gastheer, contactfunctionaris of leidinggevende die te handig schijnt, kan eerlijk en betrouwbaar zijn, doch kan alleen zijn of haar mond niet houden. De gastheer, contactfunctionaris of leidinggevende met schichtige ogen kan nerveus zijn en gewoon niet recht vooruit kunnen kijken. Een persoon die je alleen maar complimenten maakt, is misschien slechts een dwaas. Dienstverlenend personeel die over hun kennis opscheppen, kan oprecht zijn, maar misschien denkt men, dat enig vertoon van een briljante geest indruk maakt op anderen.
De gastheer, contactfunctionaris of leidinggevende dient vertrouwen te scheppen, maar wat vaak verwekt hij wantrouwen vanaf het

moment dat hij begint. Men dient dan ook te beseffen dat men altijd zekere regels in acht dient te nemen voor het vestigen van vertrouwen.

Zij die het 'dienstverlenende beroep' hebben gekozen, dienen op de eerste plaats vertrouwen te hebben in hun bedrijf en zijn 'product'. Zij mogen geen zwendelaar zijn en hij zal en dient een prettig gevoel te scheppen tussen zichzelf en zijn gasten. Aangezien hij weet dat zijn advies de gast voordeel zal brengen, zal hij geen bezwaren hebben om al het mogelijke te doen voor het verkrijgen van een juiste bestelling.

Het dienstverlenend personeel dient vertrouwen te scheppen door hun stem en hun taal. Zij mogen niet overdrijven of dingen beweren, die later niet verwezenlijkt kunnen worden. Het dienstverlenend personeel dient vertrouwen te wekken door hun enthousiasme en door de zorgvuldige manier waarmee zij hun gasten benaderen. Zij dienen vertrouwen te wekken door hun kennis van de problemen van hun gasten en door hun bereidheid naar de moeilijkheden van hun gasten te luisteren. Ja, vertrouwen ! Vertrouwen is vaak een van de meest onmisbare facetten in de dienstverlenende sector. Vertrouwen steunt in het dienstverlenende bedrijf op drie zaken, de gast dient vertrouwen te hebben in :

het dienstverlenende personeel ;
in het bedrijf ;
in diens 'product' ;

Ik geloof dat vertrouwen in het dienstverlenende personeel van het grootste belang is, want zodra dit tot stand is gekomen, zal de gast bijna automatisch ook vertrouwen hebben in het bedrijf en zijn 'product'.

Er ontstaat ook een groot vertrouwen indien men weet hoelang je bedrijf reeds bestaat en je op de hoogte bent met het soort gasten, de producten, de service en de mogelijkheden van het bedrijf. Vertrouwen in het bedrijf komt voornamelijk voort uit hetgeen andere gasten er over zeggen, want de gast begrijpt wel dat het dienstverlenende personeel bevooroordeeld is ten opzichte van zijn eigen bedrijf.

Al wat ik hier heb verteld is eigenlijk bedoeld om de gastheer, contactfunctionaris en leidinggevende te doordringen van de noodzaak, de dringende noodzaak, al het mogelijke te doen bij elk contact met gasten, teneinde op te bouwen wat zeker een van de meest belangrijke elementen tussen het bedienend personeel en gasten is, namelijk :

VERTROUWEN

MIJN FOUT – HET SPIJT MIJ

De zwakke persoon aarzelt om toe te geven dat hij een fout heeft gemaakt tijdens de uitvoering van zijn werk. Hij zal nóóit in staat zijn zijn verontschuldigingen aan te bieden, wanneer gebleken is dat hij het mis had. Men probeert liever de fout goed te praten.

Deze zwakheid ziet dan iedereen, behalve de persoon zelf. Men denkt dan dat men kracht laat zien wanneer men toont volkomen zwak te zijn. Zwakke mensen doen erg hun best om sterk te lijken en ze falen doordat ze hun geestelijke houding niet veranderen, doordat ze niet een krachtige persoonlijkheid ontwikkelen

Ze verstaan de betekenis van kracht juist niet. Sommige van hen denken dat deze hardheid, brutaliteit en opgeblazenheid impliceert, een grote mond hebben. Maar de sterken hebben geen behoefte aan zulk vertoon. De mens die gelooft dat hij nooit fouten maakt is niet te helpen. Vreemd genoeg is men altijd de eerste die zegt : 'Als ik een fout maak, zal ik de eerste zijn om dat toe te geven'.

Doch helaas denkt men nooit dat men een fout gemaakt heeft. Ieder persoon, die leert toe te geven dat hij een fout of vergissing heeft gemaakt, kan zichzelf een gelukkiger leven schenken door zijn positie te verbeteren.

Hoe meer hardheid men toont om fouten toe te geven, des te sterker zal men worden. De 'verstandigen' onder het dienstverlenend personeel leren van hun fouten. De 'dommen' kunnen dat niet, omdat zij nooit begrijpen dat zij ze gemaakt hebben. Het is soms erg moeilijk om te zeggen : 'Het spijt mij' , maar de reactie op die drie woorden zijn erg groot.

Velen zeggen echter wel dat het hen spijt, maar het klinkt nooit alsof ze het menen. Ze doen het voorkomen alsof ze de schuld op zich nemen, maar dat het niet hun fout was.

Men kan leren om op natuurlijke wijze zijn excuus te maken. Dit vereist geen gekruip of gekerm. Je bouwt een innerlijke kracht op als je, voordat je je rechtvaardigt, even de tijd neemt om na te gaan of je werkelijk gelijk had of dat je probeert een fout of vergissing te verbloemen. Gedurende deze pauze dien je, als je denkt dat het jouw fout was, te glimlachen en te zeggen : 'Het spijt me – het was mijn fout'. Als je dat zegt, zal niemand je er minder om achten. Integendeel!

Sommige gastheren, contactfunctionarissen of leidinggevende managers kunnen niet toegeven dat zij fouten hebben gemaakt. Ik geloof niet dat zij erg gelukkig zullen zijn, als zij aldoor dienen te zorgen dat zij gelijk hebben.

Diegene die gelooft dat hij nóóit fouten maakt, en er bestaat op aarde niets dat hem kan overtuigen dat zijn redenering verkeerd is, dient zijn eigen weg te gaan en zijn eigen leven te leiden zoals hij wil.

Het grappige van al deze mensen is, dat zij gewoonlijk de eerste zijn die zullen zeggen 'Wanneer ik fout ben, geef ik dit onmiddellijk toe'. Maar zij geloven nooit dat zij werkelijk fout zijn. Die fout ligt altijd bij de ander en met dit soort figuren is dus weinig eer te behalen.

Je zult merken dat, wanneer je je van deze last ontdoet, dat wil zeggen van deze afkeer om je fouten of vergissingen toe te geven, je iets kunt bereiken voor een gelukkiger leven en werkklimaat.

Je collega's, chefs en gasten zullen je meer waarderen. Maar misschien nog meer waard is, je man of vrouw, je vriend of vriendin zal gaan geloven dat een toverstaf over je werd gezwaaid en je volkomen veranderd heeft.

Denk eens in, in hoeverre dit van toepassing is op je werk, in je vak en thuis. Wanneer je een fout hebt begaan bij een gast zal er niets gebeuren wanneer je het op een juiste en eerlijke wijze toegeeft. Een verstandige gastheer, contactfunctionaris of leidinggevend manager leert door zijn fouten. Een stommeling kan dit niet, omdat hij zich nooit realiseert dat hij ze begaan heeft.

Dus, alvorens je je kin uitsteekt en hals over kop in de strijd springt, wacht een moment of tel tot tien en zeg : 'Heb ik werkelijk

gelijk of probeer ik alleen maar en fout te rechtvaardigen ?'
Gedurende die overdenking, wanneer je het gevoel hebt dat de fout bij jou ligt, glimlach en zeg : 'Het spijt mij, ik had ongelijk'.
Als je vindt, dat je géén fouten maakt, betekent dat volgens mij er weer een. Denk hier maar eens over na !

VLEIJERIJ OF LOF

Vleierij behoort niet bij een sterke persoonlijkheid. Niemand wil een vriend of vriendin of collega die altijd maar liegt én .... vleien is liegen.
De vrouwelijke gast van vijftig en die eruit ziet als zestig, gelooft je niet als je tegen haar zegt dat ze eruit ziet als veertig. Maar wanneer men denkt dat ze net veertig is, kan men dat haar niet genoeg vertellen. Het is de waarheid en dat weet ze. Haar spiegel bewijst het haar.
De mensen zijn niet gecharmeerd wanneer ze vleierijen doorzien en weten dat het een leugen is. Aan de andere kant delen weinig mensen lof en waardering uit wanneer dat op zijn plaats zou zijn.

Echtgenoten vinden het moeilijk om hun vrouw te prijzen en vrouwen krijgen het benauwd bij de gedachte dat ze hun waardering voor hun man onder woorden moeten brengen. De hoteldirecteur prijst zijn team naaste medewerkers niet en dat team prijst zijn ondergeschikten niet, deze prijzen hun mensen niet en die mensen prijzen helemaal niemand.
Teveel hotelmanagers vinden het eenvoudiger om hun ondergeschikten te bekritiseren dan hen te prijzen en menig gastheer en contactfunctionaris zou liever hun trompet blazen dan het gevoel van eigenwaarde van een gast te verhogen door diens eigenschappen te prijzen.
Hoe komt dat nu ? Ik weet het niet. Sommige mensen prijzen niemand omdat ze bang zijn voor vleiers te worden aangezien, maar de meeste van hen zijn gewoon te dom. Lof kan namelijk anderen motiveren en gelukkig maken.
Iemand zei eens : 'Lof kan kleur geven aan het saaiste leven'. 'Lof kan het leven de moeite waard maken en helpen om in het leven, werk en beroep te slagen'.
Ja, lof kan wonderen verrichten voor zowel de gever als de ontvanger. Het is even welkom bij de mensen die succes hebben, als bij de mensen die geen succes hebben.
Wanneer een directeur door een krant geprezen wordt om de mooie resultaten van zijn bedrijf, dan zal hij glimmen van genoegen. Ik heb dit zelf eens van dichtbij meegemaakt en mijn directeur stond erop, voor iedereen champagne te bestellen. Gewoonlijk telde hij iedere cent die hij uitgaf. Zou HIJ ooit iemand prijzen ? Nooit !
Ik heb meegemaakt dat geharde krantenschrijvers werkelijk gelukkig waren door lof over hun artikelen - en dat zijn mensen die zichzelf graag zien als cynisch en hypocritisch, die er nooit

intrappen wanneer men ze vleit. Maar ze waren verrukt door lof waarvan ze wisten dat ze het verdiend hadden.

Mensen die zich bitter beklagen omdat niemand hun ijver waardeert zijn dezelfde mensen die een ander ook nooit prijzen. Hoe vaak hoor je opmerking niet, zoals : 'Je kunt je hier doodwerken voordat je een waarderend woord krijgt'

'De managers mopperen de hele dag op je en je krijgt nooit eens een schouderklopje voor je goede werkuitvoering'

Dit zijn typische opmerkingen van mensen die naar waardering en lof snakken.

Hoe reageer je wanneer iemand je prijst voor werk dat je goed gedaan hebt ? Ben je beledigd ? Word je boos ? Natuurlijk niet. Je bent heel blij door hun vriendelijke woorden, maar lof dient wel verdiend te worden en de waardering eerlijk gemeend.

Voortdurende kritiek doodt namelijk de ambitie, maar lof schraagt het gevoel van eigenwaarde en iedereen wil zich toch belangrijk voelen.

Alleen de krachtige man kan anderen prijzen. De zwakke man is vaak gierig met hun lofuitingen, omdat men het gevoel heeft dat, wanneer men iemand prijst, anderen ook gunsten van hen zullen vragen.

Door het toekennen van lof en waardering wordt men niet verwaand. Het helpt hen om nog beter hun best te doen dan men voorheen deed.

Voor al die duizenden mensen, die ik tijdens mijn werkzaamheden in het horecabedrijf en het horeca- onderwijs de afgelopen jaren ontmoet heb, is iedereen door **gerechtvaardigde** lofuitingen blij geweest.

Onze vijanden vleien ons, maar onze vrienden prijzen ons alleen wanneer ze vinden dat dat eerlijk en oprecht verdiend is.

ALS JE KRITIEK MOET UITEN

Een ding dient je duidelijk te zijn voordat je dit onderstaand stukje verder leest.

Niemand houdt van kritiek

Wanneer iemand tegen je zegt : 'Wat vind je van mijn boek ?' of 'Wat vind je van mijn schilderij ?', dan is één ding wat men niet wil horen, datgene wat je werkelijk denkt wanneer je kritisch bent.
Sommige mensen zeggen dat het hen niet kan schelen als ze constructieve kritiek moeten aanhoren, maar dat raakt hen nu juist wel. Wat ze werkelijk willen horen is constructieve waardering.
Ik heb mijn les lang geleden ook geleerd. Op een dag kocht ik een bekend horecavakblad en daarin stond een artikel van een horecaconsulent. Hij had een prachtig artikel geschreven over het feit dat niemand succes kan hebben die niet bereid is om kritiek te accepteren, want, zo merkte hij op, wanneer niemand kritiek op ons heeft, hoe weten wij dan wat we verkeerd doen ?

Deze consulent, die werkzaam was bij een landelijk onderwijsinstituut, had ik wel eens ontmoet en nadat ik zijn artikel gelezen had, belde ik hem op en maakte een afspraak. Op het afgesproken tijdstip ging ik erheen. Een krachtige handdruk, een hartelijk welkom en toen : 'Zeg maar wat ik voor je kan doen ?'
Omdat ik niet wist hoe ik op de juiste wijze kritiek op zijn artikel moest leveren, stak ik maar gelijk van wal en vertelde hem wat er, volgens mij, niet deugde in zijn artikel en instituut.
Ik had nauwelijks twee zinnen uitgebracht, toen ik begreep dat ik alleen nog een lucifer aan hoefde te steken om de explosie compleet te maken.
Hij noemde mij verwaand, niet ter zake kundig, een slecht onderwijsdocent en nog veel meer. Hij zei dat hij nu al twintig jaar lang ervaring in zaken had en wat wilde ik nu eigenlijk en wat wist ik ervan op mijn leeftijd ? (Ik was toen 34 jaar)
Dat bezoek heeft me toen dat lesje geleerd dat ik nooit vergeten ben :

Niemand houdt van kritiek en als je kritiek moet uiten begin dan met iets aangenaams te zeggen en zeg daarna het onaangename op een aangename wijze

Ik kan mij best voorstellen dat nu bepaalde typen lezers dit geschrijf ter zijde willen leggen. 'Ik houd niet van dat achterbakse gedoe', hoor ik hen zeggen. 'Recht op de man af of recht voor zijn raap', zeggen ze. 'Als je iemand moet kwetsen, nou, doe dat dan snel'. Of wou je soms zeggen dat, als iemand ontslagen wordt, dat voor hem leuk wordt als hij eerst een paar vriendelijke woorden krijgt te horen ? Hij wordt toch ontslagen.

Zeer juist. Die paar vriendelijke woorden behoeden hem er niet voor dat hij een poosje zonder werk komt, maar zijn trots wordt wel gered en dat is heel wat waard, wanneer hij een andere baan moet zoeken.

Een vorige personeelschef van mij vertelde mij eens : 'Ik ben altijd de laatste die met een ontslagene praat. Ik doe altijd veel moeite om uit te laten komen dat hun kwaliteiten niet helemaal overeenstemmen met hetgeen wij nodig hebben. Ik probeer hen te laten inzien hoe ze het beste gebruik kunnen maken van hun capaciteiten'. 'Ik merk bijvoorbeeld op dat ze misschien verder kunnen komen in een ander bedrijf of baan. Vele van deze mannen en vrouwen hebben sindsdien elders zeer goede posities veroverd in bedrijven die anders zijn dan wij'.

Een abrupt ontslag had misschien voor sommigen van hen - vooral de jongere mensen - de indruk gegeven dat ze mislukkelingen waren.

Wanneer je dus kritiek moet leveren, verzacht dit dan je kritiek met een beetje waardering vooraf.

SPOT – IRONIE – SARCASME

De Franse schrijver Jean de la Bruyère schrijft in één van zijn bekende werken de volgende tekst: :

> **' Spot, ironie en sarcasme zijn van alle beledigingen die, welke het minst vergeven worden '**

Ik geloof dat hij hiermee volkomen gelijk had en heeft.

Spot, ironie en sarcasme is een gevaarlijk wapen en vooral in de omgang met mensen c.q. gasten, zoals wij dagelijks in het horecabedrijf doen, dien je er zeer voorzichtig mee om te gaan. Je vraagt je af : 'Waarom ?' Omdat spot, ironie en sarcasme de ander dieper vernedert en zijn gevoel van gewichtigheid erger kwetst, dan welke andere belediging ook.

Wanneer je een gast of een ander persoon uitscheldt of hem op een lelijke manier behandelt, dan breng je daardoor ongetwijfeld een ernstig kwetsuur toe aan zijn gevoel van gewichtigheid. Maar zo'n belediging zal over het algemeen minder schrijnen, dan de wond die toegebracht wordt door hem te bespotten of belachelijk te maken in zijn ogen of in de ogen van zijn omgeving.

Een onheuse opmerking zal een gast gewoonlijk na kortere of langere tijd vergeven, doch niet vergeten, maar als je hem zijn overtuigingen belachelijk hebt gemaakt, dan kan het gebeuren, dat die wond nooit heelt en hij zal zijn leven lang een hevige wrok tegen je koesteren.

Wees dus voorzichtig in de omgang met spot, ironie en sarcasme. Even voorzichtig als het omgaan met dynamiet.

KLEINEREN

Kleineren wil zeggen door woorden, handelingen, gebaren en/of daden anderen in geestelijk opzicht **'kleiner'** maken. Door bijvoorbeeld tegen een ondergeschikte te zeggen : 'Jij kunt ook helemaal niets' of 'Je bent te dom voor dat werk' of 'Je bent onhandig in dit soort zaken' of 'Je bent een sukkel' of iets dergelijks, verklein je hem in zijn ogen.

Je geeft hem op dat moment een gevoel van onbeduidendheid en minderwaardigheid. Dit gevoel kan heel sterk of minder sterk zijn, maar in ieder geval is het een neerdrukkend gevoel.

Indien het gevoel van eigenwaarde zich in voldoende mate ontwikkeld heeft, zullen die kleinerende woorden hem niet zo erg veel kwaad doen. Zij zullen hem wel kwetsen, maar het overwicht van zijn gevoel van gewichtigheid is dan stevig genoeg gevestigd om een aanval van kleineren af te slaan.

Maar als het gevoel van eigenwaarde niet voldoende ontwikkeld is, dan wordt het minderwaardigheidsgevoel door het kleinerend optreden alleen maar versterkt.

Door herhaaldelijk je ondergeschikte, gasten of anderen op een dergelijke wijze te kleineren, kan men er in slagen het onmisbaar gevoel van eigenwaarde grotendeels te doden, met het gevolg dat zij in het geheel geen zelfvertrouwen meer hebben, geen geloof in eigen kracht en kunnen en gaan dan ook vaak als een geestelijk wrak door het leven.

Bedienend personeel, die dit niet weten en ook niet begrijpen en aldoor maar bezig zijn met kleineren, doen hiermee veel kwaad. Zij verhinderen de normale ontwikkeling van de eigenwaarde, versterken het minderwaardigheidscomplex en wekken bij ondergeschikten, gasten en anderen gevoelens op die verwant zijn aan haat.

RODDELEN

Hoe kan een mens serieus genomen worden als hij over Jan en Alleman roddelt ? Hij die weigert mee te doen aan deze kletspraatjes - en die het vermijdt - iemand op grond van 'horen zeggen' te denigreren, is serieus. Slechts hij met een sterk karakter en persoonlijkheid kan zich afzijdig houden, wanneer een stelletje gecivliseerde wilden' het karakter en de persoonlijkheid van iemand aan flarden scheuren.

Men zou kunnen veronderstellen dat een man homoseksueel is, maar wie weet het zeker ? Wie zag hem in een compromitterende situatie ? Aan wie heeft hij iets vertelt over zijn geaardheid ? Deze vragen kunnen gewoonlijk niet beantwoord worden. Iemand heeft het praatje rondgestrooid. Het heeft de ronde gedaan en is het onderwerp van geroddel geworden. Zelfs intelligente mensen met eergevoel zullen vaak hun vriendschappelijke relatie met deze collega vergeten en de roddelaar steunen.

Waarom is het rondstrooien van roddelpraatjes en bedekte toespelingen oneerlijk ? Omdat iedere roddelaar of roddelaarster

het slachtoffer van zijn praatjes met normale vriendelijkheid zal bejegenen en begroeten. Hij gedraagt zich gewoon schijnheilig. Iemand die de ander afwijst omdat men hem veroordeeld heeft op grond van oppervlakkige bewijzen, kan fout zijn, maar men is tenminste eerlijk.
Wanneer je de volgende keer tussen een stel roddelaars of roddelaarsters zit, dien je te weigeren mee te doen. Kom op voor de persoon die het doelwit van die praatjes is. De meeste mensen zullen je bewonderen om die eerlijkheid.
Roddel niet over de leiding van je bedrijf. Roddel niet over je collega's. In feite, roddel helemaal niet. Wees betrouwbaar. Uit betrouwbaarheid ontwikkeld zich eerlijkheid.

DENIGREREN

Wij kennen het woord allemaal en het is verbazingwekkend dat het soms nog verkeerd uitgesproken wordt. Maar het gaat mij hier niet om de uitspraak, maar om de gewoonte.
De oorspronkelijke betekenis van het werkwoord denigreren (= zwart maken of belasteren) heeft in de laatste jaren een speciale betekenis verworven. Meestal wordt het in verband gebracht met een al te vlugge neiging om iets af te kammen, waarmee we direct geassocieerd zijn.
We hebben allemaal iemand ontmoet die over hun land, volk of cultuur alleen maar kritiek kunnen uiten. Als het heel erg is, lijkt de oplossing duidelijk : **'niet denigreren, maar emigreren'** En eerlijk gezegd zou elk land er wel bij varen als de zeurders er niet meer waren.
Maar de ware denigrerende man heeft voorbeelden bij de hand om hun destructieve kritiek kracht bij te zetten. Noem het merk van

een auto en men vertelt meteen dat deze niet bestemd is tegen hoge of lage klimaten en hoe elke firma het van ze wint op de exportmarkt. Zet hen klem met daadwerkelijke cijfers en men zal zich eruit praten.

Wat mij hindert bij dit soort figuren, vooral als het dienstverlenend personeel betreft, is het risico dat zij hun instelling ook overbrengen naar gesprekken die betrekking hebben op hun bedrijf en haar goodwill.

Misschien denk je dat dit een waandenkbeeld is van mijn op hol geslagen fantasie. Het lijkt misschien volkomen uitgesloten dat een gastheer, contactfunctionaris of leidinggevend manager zo overhaast te werk kan gaan dat men zijn eigen werkgever zwart maakt. Ik verzeker je dat ik deze woorden schrijf naar aanleiding van werkelijke voorvallen. In geen van die gevallen waren zij opzettelijk van plan om hun bedrijf en werkgever zwart te maken in de ogen van de gasten, maar het resultaat bleef hetzelfde.

Maar zij weten dat zij het volledig vertrouwen van de gasten dienen te behouden als ze willen dat deze gasten regelmatig blijven komen.

En hier ligt dus duidelijk het gevaar ! Omdat men vaak te graag als een goede vriend gezien wil worden, die de gast volledig kan vertrouwen, geeft men zonder noodzaak een stukje negatieve, denigrerende of kritische informatie weg

Elke gastheer, contactfunctionaris of leidinggevend manager heeft wel eens een punt genoemd dat het vertrouwen van de gast alleen maar kan schaden : een gast die géén reden tot klachten had. Wie heeft daar nu voordeel bij ? Ik ben geen voorstander van oneerlijkheid. Het is fout om gasten in het ongewisse te laten omtrent zaken die ze dienen te weten. Wanneer bepaalde problemen in een bepaald rayon drie van de tien gasten betreffen, dan is het je duidelijke plicht, hoewel niet prettige plicht, om deze drie gasten in te lichten. Maar je hoeft het dan de andere zeven gasten niet te vertellen, die allemaal gelukkig van deze problemen niets te vrezen hebben.

Denk nu niet dat ik beweer dat veel gastheren, contactfunctionarissen en leidinggevenden voortdurend bezig zijn om de activiteiten van hun bedrijf of werkgevers af te kammen. Dat zou inderdaad denigrerend zijn van mij tegenover hen. Maar het is het tegendeel van loyaliteit en dat is de essentie van het serveerberoep om slechts nieuws aan Jan en Alleman rond te bazuinen.

Geen bedrijf is perfect en we zien allemaal mogelijkheden tot verbetering van tijd tot tijd. Het dienstverlenend personeel kunnen hun gasten helpen, en uiteraard ook zichzelf, door aan hun bedrijf en werkgever door te geven waar zij een kans zien om nuttige en verantwoorde veranderingen aan te brengen.

NOGMAALS EEN ZELFCONTROLE

Er bestaat een Chinees spreekwoord over tactloosheid, namelijk :

' Hoewel er vele duizenden onderwerpen bestaan over een elegant gesprek, zijn er vele mensen die geen kreupele kunnen ontmoeten zonder over zijn voeten te praten '

Ik wil niet uitweiden over tactloosheid, want ik geloof niet dat het mogelijk is om een tactloos iemand te veranderen in iemand die begrip heeft voor de gevoelens van anderen. Het is echter mogelijk om de semi-tactloze persoon te veranderen. Het is eenvoudig voor je om na te gaan of je in deze categorie valt.
Voor deze zelfcontrole volgt hieronder een lijstje met vragen :

- \# Wanneer je een zieke bezoekt, praat je dan over de gevaren van zijn of haar ziekte ? Merk je terloops op hoe anderen hebben geleden en misschien een tweede aanval hebben gekregen, nadat ze al dachten dat ze beter waren ?
- \# Zeg je ooit tegen iemand dat hij of zij er slecht of ongezond uitziet ?
- \# Vertel je moppen over Schotten aan Schotten, over Belgen aan Belgen, over Turken aan Turken, over negers aan negers, over katholieken aan katholieken, over Joden aan Joden ?
- \# Verbeter je iemand waar anderen bij zijn ?
- \# Gebruik je de uitdrukking : 'Ik vind dat ik altijd mijn mening tegenover iedereen moet zeggen ...... ?'

Bovenstaande is maar een klein controlelijstje. Hoe vaker je met 'ja' antwoordt, des te vaker kun je een streep in je nadeel zetten. Wees maar niet kwaad als ik zeg dat je misschien tactloos bent. Ik probeer alleen maar degenen, die in de dienstverlenende sector wil slagen, te helpen. Als je hiermee je voordeel wilt doen, dien je jezelf te helpen door volkomen open tegenover jezelf te zijn.

DIENSTVERLENING EN KLACHTENBEHANDELING

Klachten of verwijten komen heden te dagen nog al eens voor in menig horecabedrijf. Wanneer een gast bij je komt met een klacht of verwijt, behandel hem dan steeds met de uiterste tact. Zijn klacht mag dan in jouw ogen nog zo onbeduidend zijn, nog zo onredelijk of nog zo onbillijk, voor de klagende gast is het wel belangrijk, redelijk en billijk. Hij is er op dat moment geheel vervuld van en verkeert in een gevaarlijke toestand. Hij heeft namelijk voor zichzelf de overtuiging dat hem op dat moment onrecht is aangedaan, dat hij niet billijk is behandeld en dat hem tekort is gedaan
De gast is verbitterd, gekrenkt en teleurgesteld. Om die reden verkeert hij in een gespannen toestand en is buitengewoon gevoelig en kwetsbaar. Één verkeerd woord van ons of een

schouder ophalen of het fronsen van de wenkbrauwen is voldoende om hem te doen ontploffen.

Voor het dienstverlenende personeel wordt nu de kunst van de omgang op een zware proef gesteld. Nu kun je jezelf toetsen hoever je gevorderd bent in de juiste omgang en benadering en wat er nog aan ontbreekt. In zo'n situatie heb je de gelegenheid te kiezen tussen een schitterende overwinning of een jammerlijk falen.

Er is vooral één fout waarvoor je bij het behandelen van klachten of verwijten dient uit te kijken. Een kapitale fout, welke steeds opnieuw begaan wordt, namelijk : aanstonds beginnen met zich verdedigen, tegenspreken en argumenteren. Daarmee bereik je helemaal niets. Of nee, eigenlijk is die opvatting niet juist. Je bereikt er wel iets mee, namelijk een hoop last en onaangenaamheden..

Je raakt met de gast verwikkeld in een nutteloze woordenstrijd, welke gezien de gespannen toestand van die gast, zeer waarschijnlijk zal ontaarden in een hooglopende ruzie. Tenslotte gaat men uiteen : beiden boos en onbevredigd en elk er van overtuigd dat hij gelijk had en de ander niet.

In dergelijke gevallen van klachten is argumenteren altijd het allerlaatste wat je doen moet. In zo'n situatie begin je weer met het tonen van begrip. Laat de gast rustig zijn klacht of verwijt uitvertellen en luister er met geduld naar. laat in ieder geval de klacht op je inwerken, val hem niet in de rede en spreek hem onder geen voorwaarde tegen. Geef hem in eerste instantie zoveel mogelijk gelijk. Laat hem door je houding voelen dat je hem begrijpt. Mocht nu blijken dat de klacht van de gast werkelijk gegrond is en het ongelijk aan jouw kant staat, erken dit dan loyaal en volmondig. Betuig je spijt, biedt je verontschuldiging aan en geef hem of haar de verzekering dat de gemaakte fout zich niet meer zal herhalen. Je hebt door je optreden je gast behouden en voorgoed aan je gebonden.

Heeft de gast altijd gelijk ?

Wanneer een gast een klacht heeft en hij uit die klacht op een onhebbelijke manier, zoals dit helaas in het dienstverlenende en horecabedrijf maar al te vaak gebeurt, dan is het verleidelijk om als gastheer, contactfunctionaris of leidinggevende toe te geven aan de zeer menselijke neiging om deze gast op dezelfde manier te antwoorden.

Ik geloof dat je je daarin in het geheel niet voor behoeft in te spannen. Dat gaat vanzelf. Je hoeft je als mens slechts te laten drijven door je gevoelens en driften, je eigenliefde, je gekwetst gevoel van eigenwaarde en je agressiedrang. Deze besturen je reactie en doen je echt menselijk handelen. Maar bijna in alle gevallen zijn die echt menselijke handelingen totaal fout bij het omgaan van gasten. En dat is ook hier het geval.

Het gevolg van die echt menselijke reactie is een botsing, een conflict of een ruzie en alles wat daarmee gepaard gaat ; scherpe woorden, beschuldigingen, hatelijkheden, beledigingen over en weer. Allemaal nodeloze verspilling van energie en verlies van de gemoedsrust.

Iedere ruzie met een gast laat een bittere nasmaak achter. Een ander gevolg is het verlies van een gast of op z'n minst een verstoring van de harmonie en een onaangename verhouding. Ja, het is wel verleidelijk 'menselijk' te handelen, maar de uitkomst is bijna altijd fataal.

Als je prijs stelt op het behouden van een gast, laat je dan nooit door je gevoelens of driften verleiden een redetwist met die gast aan te gaan. Zelfs al had je het grootste gelijk van de wereld en jouw gast het grootste ongelijk. En wel om de volgende reden, die doorslaggevend is, namelijk je verliest altijd.

Als je al de woordenstrijd zou winnen en je zou hem noodzaken ongelijk te bekennen, dan heb je misschien de voldoening dat je het twistgesprek gewonnen hebt. Mooi, dat is dan prachtig ! Maar .... vergis je niet. Je hebt het twistgesprek gewonnen, maar je hebt een gast verloren.

Je hebt hem gekwetst en vernederd. Je hebt zijn gevoel van eigenwaarde een gevoelige klap gegeven. En dat zal hij je nooit vergeven en hij zal het ook nooit vergeten en je zult hem nooit meer terugzien.

Anderen kunnen zich die luxe permitteren om mensen tactloos te behandelen. Wij niet, dus ! Wij hebben namelijk belang bij het behoud van een gast.

'The guest is always right' zegt een oud Engels spreekwoord (De gast heeft altijd gelijk). Waarom ? Omdat hij onze gast is, omdat hij betaalt, ons van dienst is en omdat hij de zaak groot maakt.

Zoals we dus zien is de gast koning. En dus, wil je als gastheer, contactfunctionaris of leidinggevende in het dienstverlenende en horecabedrijf succes hebben, let dan angstvallig op de wensen van de gasten en houdt er zorgvuldig rekening mee.

' Het is beter klachten te voorkomen dan om ze te behandelen '

Je succes of je falen wordt altijd bepaald door de mate waarin je je houdt aan de leuze:

de gast heeft altijd gelijk

DIENSTVERLENING EN LEIDING GEVEN

Velen vragen zich tegenwoordig af waar heden ten dage het Nationale en Internationale Horecabedrijf nog mensen kan vinden met de bekwaamheid en het karakter- en persoonlijkheidsniveau om de teugels van een horecabeleid in handen te nemen of over te nemen.

We leven in het horecabedrijf - en niet alleen daar - in een wereld van vele problemen, waarvoor geen oplossing mogelijk schijnt.

Denk maar eens aan de voortdurende realiteit van de agressiviteit, onverschilligheid, onhebbelijkheid, brutaliteit en het egoïsme van personeel en gasten, grotendeels zinloos en zonder duidelijke motieven.

Hoe dit alles te voorkomen of althans het hoofd te bieden, is op zichzelf al een kwellend probleem voor leidinggevende functionarissen en managers in het horecabedrijf.

Men komt en men zal in aanraking komen met nog vele andere problemen, zoals immoraliteit, criminaliteit, discriminatie, verdovende middelen, dronkenschap, alcoholisme, gestrande huwelijken, overspannen mensen (stress) en andere negatieve zaken. Ik noem

slechts maar enkele problemen, die in de omgang met mensen en in het leiding geven een belangrijke rol kunnen spelen.
Zijn er nu nog mensen te vinden om al deze problemen in het dienstverlenende en horecabedrijf het hoofd te bieden ? Wordt de hedendaagse jeugd nog behoorlijk opgeleid om het roer van een beleid op de juiste wijze over te nemen en met succes de strijd aan te binden met deze en uiteraard andere problemen, waarmee het Nationale en Internationale Horecabedrijf wordt geconfronteerd ? Er zijn altijd oorzaken te noemen voor alle gevolgen voor alles. Wat zijn de redenen voor het tegenwoordige gebrek aan goed leiderschap ? Ik wil graag een drietal factoren naar voren brengen, waaruit blijkt waar dit gebrek hoofdzakelijk door veroorzaakt wordt.

Het gezin

Laten we eerst maar eens kijken naar het moderne gezinsleven. Hoe langer hoe meer gezinnen vallen uiteen. Waarom ? In vele gevallen door dat de vader verzuimt de juiste en wijze leiding te geven die nodig is om het gezin te besturen. Steeds meer moeders moeten de teugels van het gezin en van het huis overnemen, wegens de afwezigheid van de soms nalatige vaders. Het verval van het vaderschap (lees : leiderschap) heeft een ongunstige invloed op de hedendaagse jeugd. Dit verval zal uiteindelijk haar vermogen aantasten om de leiding te nemen in een horecawereld, die dringend behoefte heeft aan een dergelijk leiderschap.

Een jongen of meisje, die grootgebracht zijn in een gezin of thuis waar vader is weggevallen of waar vader zijn leidende rol als hoofd van het gezin heeft afgestaan, zal een verbijsterde volwassene zijn, die volslagen het vermogen ontbeert om zijn rol als leider in het gezin of werk van morgen te vervullen.

Het onderwijs

Op de tweede plaats wil ik ook wijzen naar het onderwijs, scholen en instituten en speciaal naar de horecaberoepsopleidingen van onze jeugd.

Ik heb ervaren dat vele hedendaagse leraren en docenten het vermogen missen om de hun toegewezen leerlingen en studenten onder hun hoede de inspiratie en de antwoorden te geven waarnaar zij zoeken en vragen.

Steeds meer jongens en meisjes raken hierdoor ongeïnteresseerd. Maar al te vaak vertellen vele leraren hen dat zij zich er mee dienen te verzoenen in een vijandige en verwarde wereld te leven met al zijn onoplosbare problemen.

Is het een wonder dat de hedendaagse jeugd niet de behoorlijke opleidingen krijgen die nodig is voor dynamisch leiderschap in de horeca van morgen !

Het bedrijfsleven

En wat doet nu het bedrijfsleven om te voorzien in leiderschap waaraan zo'n dringend behoefte bestaat ?

Evenals in het gezin en in het onderwijs verzuimt vaak het bedrijfsleven de hedendaagse jeugd de opleiding in leiderschap te geven, die haar in staat zal stellen de kwellende problemen van vandaag het hoofd te bieden.

Waarom zijn onze fundamentele instellingen - gezin – onderwijs - bedrijfsleven - niet in staat met een helder inzicht en stem de weg te wijzen, die onze huidige jeugd dient te volgen ? Hoe komt het toch dat wij onze toekomstige 'managers' de beginselen van het echte leiderschap niet kunnen bijbrengen ?

De enige waarheid, volgens mij, is dat slechts weinigen werkelijk weten welke leiderskwaliteiten zij bij de tegenwoordige jonge mensen dienen te ontwikkelen.

Hoe kunnen we onderricht geven in de juiste bekwaamheden en kwaliteiten van waar en goed leiderschap en management wanneer we deze zelf niet geleerd hebben ? We dienen de juiste manier bij hen aan te leren om goed leiderschap en management tot ontwikkeling te brengen.

Leidinggevenden of managers dienen bekwame mensen te zijn, mensen van waarheid en ze dienen corruptie en wantoestanden te weerstaan en 'winstbejag' te haten. Want leidinggevenden of managers, die alleen maar uit zijn op hoge winsten en het persoonlijk aspect verwaarlozen, verliezen het op den duur.

Ieder bedrijf, die verstandige leidinggevenden of managers heeft, zal op de juiste manier geleid kunnen worden.

Één van de voornaamste punten in het leiderschap is **eerlijkheid**. Leugen, bedrog en regelrechte oneerlijkheid dient duidelijk afgewezen te worden.

Bedenk dat de ware leidinggevende of manager er is om zijn ondergeschikten te dienen en bij te staan en niet om op een aanmatigende of hooghartige manier over hen te heersen, zoals sommige van hen maar al te vaak doen. Iedereen haat verwaandheid, althans bij anderen.

Een leidinggevende of manager herkent men aan zijn **loyaliteit** en van **toegewijd** zijn. Hij dient waakzaam te zijn en hard werken in het vaandel hebben staan, kortom hij dient ijverig te zijn.

Een ander belangrijk kenmerk van leiderschap is dat men altijd wijze raad leert zoeken. **Niemand weet alles.** Om wijze besluiten te nemen, dienen we deugdelijke, veelzijdige raad te leren inwinnen, want wie naar raad luistert is een wijs leider.

Plannen mislukken vaak bij gebrek aan overleg, maar door het winnen van raad komt iets tot stand, met andere woorden : plannen komen tot stand door beraad.
Voer dus als leidinggevende of manager de strijd met overleg. Een werkelijk leidinggevend functionaris zal kunnen leiden door op de juiste wijze te denken en te handelen. Dit betekent leren liefhebben in plaats van haten. Nederigheid in plaats van trots en ijdelheid. Geloof in plaats van twijfel en wanhoop.
Een verlangen om te dienen, in plaats van altijd gediend te worden. Eerlijkheid in plaats van bedrog, onpartijdigheid in plaats van aanzien des persoons, ijver in plaats van traagheid.
Dit zijn de grote lijnen van werkelijk leiderschap die men juist in het dienstverlenende bedrijf zoekt.
Leiders met de werkelijke antwoorden en oplossingen voor de grote vragen en problemen in het Nationale en Internationale Horecabedrijf kunnen alleen tot ontwikkeling komen wanneer hun die karakter- trekken en persoonlijkheden worden geleerd.
Uit onderzoeken is gebleken dat twee van de tien werknemers in het dienstverlenende en horecabedrijf een leidinggevende of manager hebben die zich schuldig maakt aan onbehoorlijk gedrag tegenover het personeel.
Zelfoverschatting, hoogmoed , minachting en arrogantie voor het personeel zijn vaak de belangrijkste oorzaken van onethisch gedrag door leidinggevenden en managers, zoals liegen tegen ondergeschikten c.q. personeel, uitschelden, bekritiseren en kleineren, soms nog vaak onder het oog van ander personeel.
Rationele overwegingen liggen schijnbaar aan de basis van onethisch leiderschap en spelen emoties, gevoelens, maar ook opvoeding een zeer belangrijke rol in dit gedrag.

Meer macht versterkt vaak de slechte eigenschappen, zoals het gevoel van minachting, van deze leidinggevenden en managers.
Personeel die leidinggevende functie hebben nemen het ook niet zo nauw met de behandeling van ondergeschikten en vertonen ook meestal onvriendelijk gedrag.
De kosten van onvriendelijk gedrag van leidinggevenden en managers in het bijzonder in het dienstverlenende en het horecabedrijf zijn enorm, zoals onder andere het ziekteverzuim, ongeïnteresseerdheid e.d.

Vaders, moeders, leraren leraressen, mentoren, chefs, bedrijfsleiders, managers en directeuren help mee om onze jeugd de weg te wijzen naar een werkelijke, positieve en dynamische levensweg, zodat het Nationale en Internationale Horecabedrijf kan rekenen op mensen met de juiste bekwaamheden, persoonlijkheid en karakterniveau. Het zijn namelijk de eigenschappen waaraan onze horeca op dit moment en in de toekomst de meeste behoefte heeft en waarvan het helaas te weinig van bezit.

DIENSTVERLENING EN ACHTERGRONDMUZIEK

De macht van muziek is groot. Muziek kan de stemmingen en reacties van de mens en voor ons ook de gast beïnvloeden. Muziek kan verblijden en stimuleren, kalmeren en troosten, maar ook irriteren en vervelen. De juiste muziek op de juiste wijze toegepast kan wonderen verrichten in het menselijk gemoed.
Muziek, die speciaal gemaakt en bedoeld is om onze emoties, onze stemmingen gunstig te beïnvloeden, noemt men "functionele muziek" (= fumu). Functionele muziek wordt als achtergrondmuziek (= backgroundmusic) gespeeld op precies de geluidssterkte, die bij de gewenste stemming en activiteit passende sfeer schept. Ook het type muziek, het tempo, de ritmiek, de geluidsspreiding, de verhouding tussen hoge en lage tonen de afwisseling etc. zijn van die doelstelling afhankelijk.
Goed eten en drinken en goede muziek vormen vanouds een ideale combinatie. Een restaurant is dan ook nauwelijks denkbaar zonder sfeer scheppende achtergrondmuziek.
Muziek, die in een zaak de bekoorlijke en ontspannende atmosfeer brengt, waarin het plezierig toeven en met smaak eten en drinken is. Voor elk horecabedrijf is de juiste achtergrondmuziek van groot belang voor de omzet.
Functionele muziek - onbewust en niet met opzet beluisterd - verhoogt het genot van een drankje, cocktail of maaltijd. Het bevordert, zonder indringend te worden, een milde stemming, vergemakkelijkt zakengesprekken, zowel als het fluisteren van woorden van genegenheid.
De juiste keuze van achtergrondmuziek draagt er in grote mate toe bij van gasten regelmatig terugkerende bezoekers te maken.

SLOTWOORD

De beschrijvingen betreffende dienstverlening met de daaraan verbonden houdings- en omgangsvormen, normen en waarden kunnen natuurlijk nog uitgebreider. Doch zonder in het minst aanspraak te maken op algehele volledigheid meen ik dat dit boekje aan de opzet beantwoordt om de gastheer, contactfunctionaris, en leidinggevend functionaris en manager wegwijs te maken in het doolhof van de houdings- en omgangsvormen, zoals die in het Nationale en Internationale Horecabedrijf gelden.

Mocht men echter in het het boek zaken en feiten aantreffen die de kennis kunnen aanvullen en bijschaven, dan zal het mij een voldoening zijn ook te hebben bijgedragen tot het doel dat ik mij gesteld heb.

Uiteraard is niet alleen het zich bekwamen in houdings- en omgangsvormen en de daarbij behorende inzichten van belang, maar er zijn nog vele andere factoren die voor het dienstverlenend personeel van belang zijn. Deze factoren zijn ook van belang voor hen die leiding moeten geven aan dat personeel.

Wie nu het serveerberoep op **niveau** volkomen zal willen beheersen, zal naast die houdings- en omgangs- vormen zich ook dienen te bekwamen in de onder staande vakgebieden:

Menuleer

Het in gastronomisch juiste volgorde kunnen samenstellen van een reeks gerechten, die dan tezamen een menu vormen.

Drankenkennis

Een welgeordend inzicht hebben in de kennis van wijnen, gedistilleerd en andere tafeldranken en op welke wijze, wanneer en waarbij deze worden gedronken.

Keukenkennis

Inzicht hebben in de grondbeginselen en kennis van de wijze waarop gerechten worden bereid.

Warenkennis

Voldoende algemene kennis van de voornaamste grondstoffen waaruit gerechten worden bereid.

Voedingsleer

Het inzicht verschaffen en de kennis hebben van het gebruik van de juiste voeding, die dan voedingstechnisch voldoet.

Talenkennis

Algemene kennis van voornamelijk de vakterminologie in het Hollands, Engels, Frans en Duits.

Rekenkunde
Het vlot kunnen rekenen, zowel op papier als uit het hoofd en het leren omgaan met Euro's en andere gangbare muntsoorten.

Bedrijfsadministratie
Kennis en inzicht hebben in vak- en bedrijfsadministratie en het beheer ervan

Verkoopkunde
Ook wel 'sales' en **'marketing'**'genoemd. Het is kennis hebben van' de meest voorkomende verkoopmethoden en technieken. Hierbij is een persoonlijke opgebouwde **'goodwill'** van belang. Door goodwill en overtuiging is resultaat denkbaar.

Management
Een behoorlijke kennis en inzicht hebben in het leiding geven door middel van bediening, besturen, beheren, administratie, zelfbeheersing, tact en behandeling.

Automatisering
Inzicht en kennis hebben van en in automatische reken- en informatieverwerking, alsmede het toepassen van deze verwerking in het werk.

Informatietechnologie
Informatietechnologie (= IT), in Nederland en België vaak informatie- en communicatietechnologie (= ICT) genoemd, is een vakgebied dat zich bezighoudt met

informatiesystemen, telecommunicatie en computers. Hieronder valt het ontplooien, ontwikkelen en beheren van systemen, netwerken, databases en websites. Ook het onderhouden van computers en programmatuur en het schrijven van administratieve software valt hieronder en vaak gebeurt dit in een bedrijfskundige context.

Psychologische kennis
Inzicht en kennis hebben in karakterstructuren en persoonlijkheid van mensen c.q. gasten (= mensenkennis).

Persoonlijkheidsvorming
Inzicht in het vormen van eigen persoonlijkheid door middel van logisch denken, aanpassing, sympathie, oprechtheid, eerlijkheid, luisteren, motiveren van eigen handelen, verantwoordelijkheid, etc.

Sociale hygiëne
Sociale hygiëne betekent dat men rekening met elkaar houdt en respect heeft voor elkaars lichamelijke en geestelijke gezondheid. De sociale hygiëne richt zich met name op de problematiek en verantwoordelijkheden rond de veiligheid van gasten, klanten en personeel in de horeca. Op grond van de Drank- en Horecawet moeten leidinggevende personen in een horecabedrijf (leden van een vereniging of stichting niet meegerekend) in het bezit zijn van een SVH Verklaring Sociale Hygiëne die wordt afgegeven door de Stichting Vakbekwaamheid Horeca (SVH). Je bent echter niet alleen leidinggevende als je

eigenaar bent van een café of restaurant, maar ook als je alleen achter de bar staat of helemaal het enige aanwezige personeelslid bent.

In het horecabedrijf heb je ook te maken met wetten en regels, waarbij je verantwoordelijk bent voor de naleving ervan en dit moet controleren. Een voorbeeld is, dat er geen sterke alcoholhoudende drank aan minderjarigen mag worden geschonken.
Veel wettelijke regels staan in de Drank- en Horecawet, maar sociale hygiëne heeft ook raakvlakken met het strafrecht, zoals bij de Wet Wapens en Munitie (WWM): het is verboden vuurwapens in bezit te hebben, in de Opiumwet is verboden drugs te bezitten of te verhandelen en de Wet op de Kansspelen gaat over gokken met het bijbehorende 'Speelautomatenbesluit'.
Daarnaast heeft de horecaondernemer nog te maken met regels van de gemeente, waar hij gevestigd is: de Algemene Plaatselijke Verordening (APV). Hierin staan regels over geluidsoverlast en verstoring van de openbare orde enzovoort.
De horecaondernemer kan ook eigen regels opstellen, die huisregels worden genoemd, hierin kunnen zowel verboden als geboden staan. De huisregels zijn dan weer opgenomen in een huishoudelijk reglement.
Sociale hygiëne is een cursus of vak dat aan (toekomstig) horecapersoneel wordt gegeven. Daarnaast zijn communicatie en sociale vaardigheden belangrijke onderdelen van de sociale hygiëne: Hoe ga je met klanten om en hoe ga je met risicogedrag (bijvoorbeeld agressief gedrag) van klanten om?
Ten slotte zijn de veiligheidseisen bij het werken in de horeca van belang. Het gaat daarbij om de inrichtingseisen (waaraan het bedrijf moet voldoen) volgens o.a. het Bouwbesluit, maar ook om

allerlei regels uit de Arbowet. Dit sluit weer aan op de Bedrijfshulpverlening (BHV), waarbij men leert wat men moet doen bij een brand of een ongeval.

Verder zou ik nog tot het dienstverlenend personeel willen zeggen : Wees tactvol, houdt rekening met de gasten, met hun ervaringen, met hun ontwikkeling en hun instelling. Betaal een hatelijkheid van gasten nóóit met gelijke munt. Het gaat er vaak om wat gasten bedoelen en niet wat zij zeggen, want de bedoeling kan namelijk goed zijn.

Peter Joh. M. Zuidweg is geboren in 1940 en was werkzaam in eerste klas hotels en restaurants en later actief als vakleerkracht 'houding- en omgangsvormen' ,'gastvrijheidskunde', dienstverlening' en 'praktische en theoretische serveerkunde'. Hij was vele jaren examinator bij diverse horecavakopleidingen en in zijn loopbaan heeft hij veel aandacht besteed aan vele omgangsvormen die in het Nationale en Internationale Horecabedrijf voorkomen. Ieder heeft wel herinneringen in de omgang met bijzondere mensen met hun eigen bijzonderheden, eigenschappen, mogelijkheden en onmogelijkheden en met hun plus en minpunten. Wat aanleg, instelling en persoonlijke aanleg betreft, stelt elk handwerk onafwendbaar zijn eisen, ook die van het dienstverlenende beroep. Personeel en management kan daarom voor een horecabedrijf veel goed maken, maar ook veel bederven.

www.ingramcontent.com/pod-product-compliance
Lightning Source LLC
Chambersburg PA
CBHW072227170526
45158CB00002BA/787